Anita Pereire

Les Fleurs pour l'ombre et mi-ombre

PHOTOS
Arnaud Descat

Trop de jardiniers se plaignent des coins ombragés de leurs jardins car ils n'imaginent pas que des fleurs puissent pousser sans soleil : erreur, de nombreux végétaux, parmi les plus décoratifs, s'en trouvent très heureux.

Il y a plusieurs sortes d'ombre. La plus difficile pour les plantes est celle qui se situe sous les arbres, là ou les racines puisent l'eau et la nourriture ; utilisez alors les couvre-sol dont les racines restent en surface et qui pousseront sans problème.
L'ombre provoquée par une exposition au nord recevra une collection de plantes qui n'ont jamais besoin de soleil, et il y en a tout un choix !
L'exposition à l'est ou à l'ouest ne constitue pas un handicap : les plantes recevront soit le soleil du matin, soit celui du couchant.
Mais il existe aussi une exposition mi-ombre.
Cela peut être une clairière où le soleil est filtré à travers de légers feuillages, cela peut être aussi une exposition à l'est ou à l'ouest qui reçoit seulement trois ou quatre heures de soleil par jour. Sauf quand vous voyez sur la pochette l'indication *plein soleil,* une exposition mi-ombre ... ou mi-soleil est suffisante pour la plupart des plantes.

Aconitum

ACONIT
Famille des renonculacées

S'ils n'étaient pas si toxiques, les aconits auraient leur place dans tous les jardins. Ils sont robustes, leur feuillage élégamment palmé est l'un des plus beaux parmi les plantes vivaves et leurs fleurs arborent des bleus d'une rare intensité dans lesquels on aimerait se baigner... mais à quel risque car leur suc est vénéneux au plus haut point. Pas d'aconit donc dans un jardin où les enfants jouent et prenez des précautions quand vous les manipulez ou les coupez pour vos bouquets. Il s'agit d'une des plantes les plus **toxiques** de notre flore.

Conseils utiles

— Plantez-les en automne ou au printemps, dans un sol riche et gardant la fraîcheur en été. Paillez le sol avec des déchets de tonte de gazon ou de la tourbe en mai. Arrosez une fois par mois avec de l'engrais dilué.

— Quand les touffes deviennent moins florifères, divisez-les avec une bêche tranchante. Replantez les éclats possédant au moins deux ou trois bourgeons. Lavez-vous les mains après cette opération.

Les meilleures variétés

— Les aconits fleurissant en fin de printemps sont les plus connus : *Aconit napellus* en particulier, avec ses améliorations 'Blue Sceptre', bleu pourpre, et 'Bicolor', bleu et blanc. Il existe aussi en blanc.

— Précieux car fleurissant en même temps que les asters, les aconits d'automne sont encore relativement peu connus. *A. arendsii,* bleu foncé en octobre-novembre ou *A. wilsonii,* bleu améthyste, un peu plus précoce, culmine à près de 1,80 m.

Hauteur : de 100 à 180 cm.
Étalement et distance de plantation : 40 cm.
Terre : riche et fraîche.
Exposition : au moins 6 h de soleil par jour.
Multiplication : par division des touffes au démarrage de la végétation.
Époque de floraison : de juin à novembre, selon les espèces.
Mode de végétation : vivace.

Actaea

ACTAEA
Famille des renonculacées

Certaines plantes se suffisent à elles-mêmes. C'est bien le cas de l'*Actaea rubra.* Sa stature, assez élevée, et l'élégance de son feuillage suffiraient à en faire une des plantes favorites pour les coins sauvages d'autant que sa floraison en épis, hélas un peu courte, et surtout la beauté de ses baies rouges font durer le plaisir pendant le reste de l'année. Prudence, ces fruits sont hautement **toxiques** !

Conseils utiles

— Plantez-les en toutes saisons s'ils sont en godets, sinon l'automne est la meilleure période. Bêchez la terre profondément car les racines sont puissantes. Paillez le sol à la fin du printemps et arrosez copieusement pendant la première année et en période de canicule.

— Divisez les touffes quand elles deviennent moins vigoureuses. Changez leur emplacement car elles appauvrissent le sol pour longtemps.

Hauteur : de 1 à 2 m.
Étalement et distance de plantation : 60 cm.
Terre : ordinaire, de préférence un peu fraîche en été.
Exposition : mi-ombre.
Multiplication : par division des touffes en automne.
Époque de floraison : juillet.
Mode de végétation : vivace.

Alchemilla

ALCHÉMILLE

Famille des rosacées

Le feuillage des alchémilles est constellé de gouttelettes de rosée. On peut dire sans exagération, qu'il y a place pour ces plantes dans tous les jardins, si petits soient-ils. Couvre-sol excellent, au soleil ou à mi-ombre, leur feuillage élégant, doux à caresser, est surmonté, en été, par la floraison vert chartreuse qui permet d'harmonieuses associations de couleurs, en particulier avec les rosiers anciens, les lis et de nombreuses plantes vivaces. Elles n'ont d'ailleurs pas de rivales pour assouplir le tracé d'une allée trop neuve. Elles poussent dans très peu de terre et font merveille dans le pavage et les murets ou au creux des marches.

Conseils utiles

— Parfaitement rustiques, les alchémilles préfèrent les expositions mi-ombragées où leur feuillage prend toute son ampleur.

— Elles apprécient les sols frais en permanence. À défaut d'arroser, apportez un paillage de tourbe ou de coupes de gazon autour des pieds, au début de l'été.

— Coupez les fleurs à la fin de l'été pour éviter la formation de graines. Il n'est pas rare, en effet, que celles-ci germent spontanément dans tout le jardin. On peut protéger les souches en hiver par fortes gelées avec du sable, de la tourbe ou des feuilles.

Les meilleures variétés

La plus connue est *Alchemilla mollis* qui forme des touffes bien rondes, mais *A. alpina,* plus rare, possède un feuillage bleuté moins envahissant.

Hauteur : de 15 à 40 cm.
Étalement et distance de plantation : 30 cm.
Terre : ordinaire, de préférence fraîche.
Exposition : mi-ombre, éviter le soleil direct.
Multiplication : par division des touffes ou par semis au printemps.
Époque de floraison : de juin à août.
Mode de végétation : vivace.

Alchemilla mollis

Actaea rubra

Anemone

ANÉMONE
Famille des renonculacées

Tendres anémones... l'un des plus beaux cadeaux offerts par la nature aux amoureux des fleurs vivaces. Et quelle diversité ! L'année commence avec la petite *Anemone nemorosa,* blanc pur, qui égaye les sous-bois, bientôt suivie par *A. blanda,* bleue, rose ou mauve. Ces deux espèces ne dépassent guère quinze centimètres. Deux fois plus grande, *A. coronaria* s'épanouit à la mi-avril, bleue, rose ou blanche mais parfois rouge écarlate. Enfin, à la fin de l'été, c'est le tour de *A. hupehensis* (anémone du Japon), une élégante d'un rose très doux et qui atteint allègrement cent vingt centimètres de haut.

Conseils utiles

— À l'exception de l'*Anemone coronaria,* qui préfère le plein soleil, les anémones aiment la fraîcheur de la mi-ombre. Les petites espèces du premier printemps, en particulier, apprécient plus que tout le couvert des arbres et des arbustes à feuillage caduc.

— En climat doux, les *A. coronaria* peuvent fleurir pratiquement toute l'année si on échelonne les plantations tous les trois mois.

Les meilleures variétés

— Espèces de **sous-bois** : *Anemone nemorosa* 'Robinsoniana', une petite merveille aux fleurs bleues (l'espèce type porte des fleurs blanches).

— Espèces pour le **plein soleil** : *A. coronaria* 'De Caen' et 'Sainte Brigitte' sont les plus recommandées en raison de la gaieté de leurs coloris.

— Espèces **tardives** : *A. hupehensis* 'Praecox', qui s'épanouit au cœur de l'été.

Hauteur : 15 cm *(A. blanda* et *nemorosa),* 30 cm *(A. coronaria),* 120 cm *(A. hupehensis).*
Étalement et distance de plantation : de 40 à 50 cm.
Terre : bien drainée et, si possible, fraîche.
Exposition : mi-ombre (plein soleil pour *A. coronaria*).
Multiplication : division des touffes, au printemps.
Époque de floraison : mars, avril *(A. blanda* et *nemorosa),* avril, mai *(A. coronaria)* et d'août à octobre *(A. hupehensis).*
Mode de végétation : bulbe et vivace.

Aquilegia

ANCOLIE
Famille des renonculacées

Simples, doubles, aux coloris étonnants unicolores ou bicolores, la réputation des ancolies est bien établie.

Conseils utiles

— Semez *Aquilegia vulgaris,* en mars, elle fleurira dès le printemps suivant.

— Plantez *A. flabellata* dans un terreau de feuilles, à exposition nord-ouest.

— C'est dans les jardins au sol frais qu'*A. vulgaris* prospère le mieux. Elle ne craint ni l'ombre ni le plein soleil.

— *A. flabellata* a besoin de lumière pour fleurir mais craint le plein soleil.

Les meilleures variétés

— *Aquilegia vulgaris,* aux capuchons bleu sombre est une habituée des jardins de village où l'on apprécie son feuillage rond et moiré qui reste élégant jusqu'aux gelées.

— *A. flabellata,* toute mignonne avec son feuillage rond et moiré et ses minuscules corolles, est classée traditionnellement parmi les plantes alpines. Elle a sa place dans un massif raffiné, en compagnie des fougères et des primevères.

Aquilegia flabellata

— *A. flabellata pumila,* naine, ne dépasse pas 12 cm de haut et est très appréciée pour son ton magenta clair ombré de jaune doux.

Hauteur : 50 cm *(A. vulgaris),* 15 cm *(A. flabellata).*
Étalement et distance de plantation : 20 cm, en tous sens *(A. vulgaris),* 15 cm, en tous sens *(A. flabellata).*

Terre : ordinaire, bien drainée *(A. vulgaris),* terreau de feuilles riche *(A. flabellata).*
Exposition : indifférente *(A. vulgaris),* mi-ombre *(A. flabelleta).*
Multiplication : par semis ou par division des touffes.
Époque de floraison : mai, juin.
Mode de végétation : vivace.

Arabis albida

Arabis

CORBEILLE-D'ARGENT
Famille des crucifères

Ravissant, comme « drapé » sur les murs, l'*Arabis* constitue un excellent couvre-sol, capable d'envahir en peu d'années de grandes surfaces et d'y empêcher l'apparition de mauvaises herbes. S'il est peu approprié aux rocailles où des plantes plus fragiles auraient à souffrir de son voisinage, tous les jardiniers devraient l'utiliser pour tapisser le pied des arbustes ou des haies, là où ne pousse guère que le lierre. La corbeille-d'argent y déploiera son tapis pelucheux et ne manquera pas de fleurir, chaque printemps, en même temps que les tulipes.

Conseils utiles

— Plantez en toute saison, à mi-ombre de préférence, en arrosant régulièrement pour favoriser la reprise.

— Le semis réalisé au printemps réussit facilement et permet d'obtenir de grandes quantités de plants.

— Taillez les touffes à la cisaille, après la floraison, pour les forcer à se ramifier et à devenir plus denses.

Les meilleures variétés

À côté d'*Arabis albida* (synonyme *A. caucasia*) et d'une variété fort décorative par son feuillage panaché de blanc (*A. albida* 'Variegata'), nous vous conseillons surtout la variété à fleurs doubles la plus haute, (*A.* 'Flore Pleno') qui rappellent celles du muguet.

Hauteur : de 10 à 20 cm.
Étalement et distance de plantation : de 20 à 30 cm.
Terre : quelconque, même pauvre.
Exposition : soleil et mi-ombre (il pousse à l'ombre mais n'y fleurit pas).
Multiplication : par division des touffes en toute saison ou par semis.
Époque de floraison : avril et mai.
Mode de végétation : vivace.

Arisaema

ARISAEMA
Famille des aracées

Qui ne serait pas séduit par de si délicats cornets ? Comme toutes les aracées, l'arisaema porte ce genre de corolle rose et striée comme celle d'un liseron et ornée d'un spathe rayé de rose et vert. De plus, ce gracieux hôte parfumé des jardins en sous-bois déploie un joli feuillage laqué comme celui des arums. Hélas, presque introuvable en pépinière, c'est une plante coûteuse, veillez donc bien à suivre nos conseils. Elle ne montre le haut de son nez qu'au début de l'été.

Conseils utiles

— Plantez-le dans du terreau de feuilles, dans un sous-bois clair ou dans un massif frais et ombragé. Le sol doit rester frais jusqu'à la fin juin, époque de sa floraison et ne jamais vraiment se dessécher une fois celle-ci achevée.

— Parfois, les bulbes du commerce mettent du temps à fleurir car ils sont importés d'Extrême-Orient et souffrent du dépaysement.

Les meilleures variétés

— L'*Arisaema sikokianum,* brun pourpre, est délicatement rayé de blanc et paré d'un spadice crème curieusement aplati comme un club de golf.

— L'*A. candidissimum* est tout blanc et légèrement parfumé.

Hauteur : 40 cm.
Étalement et distance de plantation : 30 cm.
Terre : terreau de feuilles riche et frais.
Exposition : mi-ombre.
Multiplication : par division des souches.
Époque de floraison : juin.
Mode de végétation : vivace.

Arum

ARUM
Famille des aracées

C'est, de loin, le plus décoratif des arums vraiment rustiques. Un parent raffiné du « pied de veau » dont les petits fruits écarlates égayent nos sous-bois. Il s'en distingue surtout par son feuillage, finement marbré de blanc et du plus bel effet. Comme les feuilles apparaissent à l'automne et persistent l'hiver avant de disparaître à la fin du printemps, l'*Arum italicum* 'Pictum' est la plante vivace idéale pour animer le jardin pendant la mauvaise saison.

Conseils utiles

— Les fruits qui mûrissent en été, après la disparition du feuillage, sont très toxiques, Si vous avez de jeunes enfants, supprimez les fruits.

— Les feuilles, très belles en hiver, ont grande allure en bouquet.

Hauteur : de 30 à 40 cm.
Étalement et distance de plantation : 40 cm.
Terre : tous les sols.
Exposition : soleil en hiver, ombre en été (sous le couvert des arbres caducs, par exemple).
Multiplication : par division des racines, en fin d'été.
Époque de floraison : mars et avril (fleurs insignifiantes).
Mode de végétation : vivace.

Aruncus sylvester

Aruncus

BARBE DE BOUC
Famille des rosacées

Comme son nom d'espèce l'indique, *Aruncus dioicus,* cette cousine des astilbes présente des sexes mâle et femelle séparés. Bizarrement, ce sont les aruncus mâles qui sont les plus beaux, en raison de leur inflorescence plus légère que celle des femelles. C'est d'ailleurs celle qui est le plus souvent vendue par les spécialistes. Elle forme une masse de feuillage plumeux comme celui des fougères et se couvre pendant l'été de grands panaches d'un blanc crème. Le tout culmine à plus de deux mètres et occupe bien le terrain. C'est donc une plante à conseiller pour ceux qui ont de la place et peu d'argent à dépenser.

Conseils utiles

— La plantation a lieu au printemps. Paillez le sol abondamment en mai, juin, avec de l'écorce de pin ou des déchets de tonte de gazon.

— La propagation par division des touffes, au printemps, est à la portée de tous.

— Si vous lui associez des grands *Fuchsia magellanica* et des primevères japonaises vous obtiendrez une scène magnifique pour autant que tout ce monde d'assoiffés ne manque pas d'eau en été. En conséquence, ne négligez pas les arrosages.

Hauteur : 2 m.
Étalement et distance de plantation : 50 cm.
Terre : riche en humus et très fraîche en été.
Exposition : quelconque, même à l'ombre.
Multiplication : par division des touffes, au printemps.
Époque de floraison : de juin à septembre.
Mode de végétation : vivace.

Asarum

GINGEMBRE ROUGE
Famille des aristolochiacées

Originaire du Canada, cette petite plante à souche rampante doit son nom commun à la très forte odeur de gingembre qui se dégage de ses grosses racines charnues. On peut l'utiliser en bordure mais c'est surtout comme couvre-sol dans les emplacements frais et ombragés du jardin, qu'elle convient mieux. Vous l'apprécierez pour ses fleurs, discrètes mais d'un beau rouge sombre, et surtout pour ses feuilles soyeuses qui tapissent le sol en toute saison, même en hiver !

Conseil utile

Attention à la sécheresse en été, les *Asarum* la détestent.

Hauteur : 10 cm.
Étalement et distance de plantation : 30 cm.
Terre : tous sols, pourvu qu'ils restent frais en été.
Exposition : ombre et mi-ombre.
Multiplication : par division des souches, au printemps.
Époque de floraison : avril, mai.
Mode de végétation : vivace.

Asarum caudatum

Asperula

ASPÉRULE
Famille des rubiacées

Si vous êtes las des tapis de lierres sous les arbres ou entre les arbustes, *Asperula odorata* vous tirera de la monotonie. Capables de prospérer, même à l'ombre d'arbres aussi voraces que les hêtres, les aspérules forment des coussins de feuilles divisées d'un joli vert tendre. Ils s'émaillent de milliers de fleurs blanches à la fin du printemps. Ne cherchez pas une quelconque odeur, cette plante n'en dégage que lorsqu'elle est séchée. Elle sert alors à aromatiser le vin blanc chez nos voisins allemands.

Conseils utiles

— Plantez-la en automne de préférence, en marquant son emplacement car le feuillage disparaît pendant la mauvaise saison. Dispersez, de place en place, quelques bulbes qui se naturaliseront, comme les jonquilles ou les tulipes *sylvestris*.
— Paillez le sol avec de la tourbe, du compost décomposé ou des feuilles mortes pour que la terre garde sa fraîcheur pendant l'été.
— Inutile de diviser les touffes pour les multiplier, il suffit de séparer des portions déjà enracinées et de les repiquer tout de suite.

Hauteur : de 15 à 20 cm.
Étalement et distance de plantation : 20 cm.
Terre : ordinaire.
Exposition : ombre.
Multiplication : par séparation des touffes.
Époque de floraison : mai, juin.
Mode de végétation : vivace.

Asperula odorata

Astilbe hybride

Asplenium trichomanes

Asplenium
ASPLÉNIUM
Famille des polypodiacées

Souvent les vieux murs de pierres sèches servent de support à ces fougères particulièrement frugales. Elles leur confèrent une patine enviable. Vous pouvez vous amuser à en parsemer aussi un dallage ou un coin de rocaille ombragé. Elles résistent très bien aux gelées ordinaires. Seul leur feuillage se dessèche momentanément.

Conseils utiles

— Plantez-les au printemps, en leur ménageant une poche de bonne terre entre deux pierres. Soignez le drainage car ces fougères détestent avoir les pieds dans l'eau.

— Plantez-les en masse au pied des arbustes de terre de bruyère si la terre est un peu sableuse. Cela fera le plus beau des écrins pour vos rhododendrons nains ou vos kalmias.

Les meilleures variétés

— L'*Asplenium adiantum-nigrum* ressemble à une fougère femelle naine. Elle est la plus fréquente dans les lieux secs.

— Facilement reconnaissable à ses frondes en queues de lézard bordées d'écailles rondes, l'*A. trichomanes* se rencontre souvent dans les puits et sur les murets orientés au nord et couverts de mousse.

Hauteur : de 10 à 20 cm.
Étalement et distance de plantation : 20 cm.
Terre : terreau de feuilles et sable.
Exposition : ombre.
Multiplication : par division des touffes, en mars.
Époque de floraison : néant.
Mode de végétation : vivace.

Astilbe X arendsii
ASTILBE HYBRIDE
Famille des saxifragacées

Astilbe hybride

Athyrium filix-femina

Elles aiment les marécages, de l'eau, encore de l'eau, toujours de l'eau... Inutile de les cultiver en sol sec ou même ordinaire, elles n'y donneront pas le meilleur d'elles-mêmes. Mais le pied d'une gouttière, le bord d'une mare ou d'un ruisseau seront pour elles l'occasion de déployer leur fastueuse floraison. Imaginez alors des centaines de panaches aux couleurs vives et légères comme des plumes d'autruche surmontant un feuillage dentelé qui évoque celui des fougères.

Conseils utiles

— Plantez-les en automne de préférence, après avoir copieusement amendé le sol avec de la tourbe qui va jouer le rôle d'éponge pendant le reste de l'année.

— Arrosez abondamment et régulièrement, surtout en début de floraison.

— Divisez les touffes tous les trois ans, car elles ont tendance à se montrer moins florifères en vieillissant.

Les meilleures variétés

Parmi de nombreux hybrides, souvent d'origine allemande, les plus beaux sont 'Koblenz', 'Rheinland', 'Cattleya' parmi les roses, 'Fanal' et 'Amethyst' parmi les rouges et 'Gladstone' ainsi que 'Bergkristall' parmi les blancs.

Hauteur : de 70 à 100 cm.
Étalement et distance de plantation : 30 cm.
Terre : riche en matière organique ; toujours humide.
Exposition : mi-ombre (le soleil fait passer les couleurs).
Multiplication : par division des touffes, en automne ou au printemps.
Époque de floraison : juillet, août.
Mode de végétation : vivace.

Athyrium

FOUGÈRE FEMELLE
Famille des polypodiacées

Pourquoi chercher très loin des plantes vivaces pour garnir vos coins d'ombre alors que les fougères femelles existent dans tant de nos bois ? Formant des touffes de belle ampleur à partir d'un point central, ce qui permet de la distinguer facilement de la fougère-aigle qui est une terrible envahisseuse, elle est une compagne idéale des conifères, des fuchsias et des hortensias.

Conseils utiles

— Plantez-les en toute saison en n'oubliant pas d'arroser pour faciliter la reprise. Le feuillage se dessèche lentement à partir de novembre mais il ne faut pas le couper avant le courant du mois de mars car il protège bien la souche.

— Tous les cinq ans, divisez les touffes devenues trop denses et replantez-les à 30 cm, en tous sens.

Les meilleures variétés

— La vraie fougère femelle *(Athyrium filix-femina)* comporte un certain nombre de variétés à feuillage plus divisé que le type mais elles sont difficiles à trouver dans le commerce. La fougère mâle est un *Dryopteris*.

— L'*A. goeringianum* est moins rustique. Abritez-la sous une cloche en verre ou rentrez-la carrément sous châssis. Elle est finement panachée d'argent et illuminera un coin sombre de votre terrasse si vous la cultivez en pot.

Hauteur : 30 cm *(A. goeringianum)* à 100 cm *(A. filix-femina).*
Étalement et distance de plantation : 30 cm.
Terre : de préférence riche en humus (terreau de feuilles).
Exposition : ombre et mi-ombre.
Multiplication : par division des touffes, au printemps.
Époque de floraison : très peu spectaculaire, en août.
Mode de végétation : vivace.

Begonia
BÉGONIA
Famille des bégoniacées

Trois groupes de bégonias sont intéressants au jardin : les bégonias annuels, obtenus de semis en fin d'hiver, qui garnissent si bien les parterres de l'été ; les bégonias tubéreux dont on fait pousser les tubercules comme ceux des dahlias et qui sont sans rivaux pour les endroits ombragés ; enfin les bégonias rustiques, peu nombreux il est vrai, mais de grande utilité dans les sous-bois abrités.

Conseils utiles

— Semez les **bégonias annuels** *(Begonia sempervirens)* dans une terrine placée sur un radiateur, en février. Repiquez les plants deux fois en pots, puis installez-les en mai. Vous pouvez aussi acheter du plant déjà prêt que vous repiquerez à la même époque après avoir pincé les fleurs pour forcer de nouvelles tiges à apparaître. Arrosez au moins une fois par semaine et taillez les touffes avec une cisaille à haie vers la mi-août pour redonner de la vigueur.

— Mettez à germer les tubercules des **bégonias tubéreux** en les orientant le creux vers le haut, à la mi-mars. Disposez-les dans des godets individuels et repiquez-les seulement vers le 15 mai, quand la terre est bien réchauffée. Paillez le sol avec de la tourbe ou des déchets de tonte de gazon. Arrosez régulièrement, une fois par semaine, et apportez de l'engrais dilué une fois par mois. En novembre, arrachez les touffes et laissez-les se dessécher dans un endroit tempéré. Dégagez ensuite les tubercules que vous conserverez ainsi, au sec et au chaud, jusqu'en mars.

— Plantez les **bégonias rustiques** *(B. evansiana)* en avril, mai, à mi-ombre. Disposez des appâts anti-limaces et arrosez abondamment pendant tout l'été. Une fois les premières gelées passées, le feuillage s'affaisse. Recouvrez les touffes avec 15 cm de paille ou de feuilles mortes sèches. Au printemps dégagez cette protection. Vous pouvez diviser les touffes à cette époque.

Les meilleures variétés

— Les **bégonias annuels,** regroupés sous

le nom de *Begonia semperflorens,* comprennent une grande quantité d'hybrides F_1, aux graines fines comme de la poussière. Les variétés changent souvent mais actuellement, les rouges 'Mizar', 'Vision Rouge', les roses 'Vénus', 'Olympia Rose' et 'Vision Rose', sans oublier les blancs 'Athéna' et 'Viva', connaissent un succès mérité.

— Les **bégonias tubéreux** se divisent en variétés à grosses fleurs (doubles, à fleur d'œillet, 'Non Stop', ou encore à bouton de rose ou en fleur de camélia) et ceux à petites fleurs dont les superbes 'Pendula' qui sont irremplaçables pour les jardinières exposées à l'ombre. Le 'Bertini' supporte relativement bien le soleil.

— Seul le *Begonia evansiana* est répandu parmi les espèces **rustiques.** Il fleurit rose pendant une bonne partie de l'été.

Hauteur : de 15 à 30 cm.
Étalement et distance de plantation : 15 cm pour les nains, 25 cm pour les bégonias tubéreux.
Terre : riche et retenant la fraîcheur.
Exposition : plein soleil pour les bégonias annuels, ombre et mi-ombre pour les autres.
Multiplication : par semis pour les annuels, division des tubercules, en avril, pour les tubéreux et division des touffes pour les vivaces.
Époque de floraison : tout l'été, de juin aux gelées.
Mode de végétation : annuelle, bulbe, vivace.

Bergenia

BERGÉNIA
Famille des saxifragacées

On a tellement vu de bordures de bergénias que l'on s'est lassé de leurs grandes feuilles coriaces et de leurs fleurs aux coloris vineux pas toujours heureux. Gardez-leur une place cependant car ils n'ont pas de rivaux pour garnir des endroits ingrats sans compter que, si on les entretient bien, ils conservent un bel aspect durant toute l'année.

Conseils utiles

— Plantez-les en toute saison après avoir bêché profondément. Enrichissez la terre avec du terreau de feuilles ou de la tourbe.

— Au mois de mars, supprimez les vieilles feuilles pour laisser de la place aux nouvelles et dégager la floraison qui s'annonce. Plantez alentour des tulipes botaniques et des fougères au feuillage fin pour donner de la vie en toute saison.

Les meilleures variétés

— Le *Bergenia cordifolia* est le plus répandu, que ce soit dans ses variations rouges ou rose vif. *B. cordifolia* 'Undulata' possède des feuilles bordées de vaguelettes plus décoratives que le type.

— Le *B. purpurascens* 'Ballawley' fait le meilleur effet en bordure car ses feuilles sont relativement petites et bien serrées les unes contre les autres ; il fleurit en rouge fuchsia.

— Le *B. stracheyi* a donné naissance à des hybrides réputés. 'Abendglüt' charme par ses feuilles devenant rouge bronze en hiver et ses fleurs d'un rouge ardent. 'Silberlicht' marie le blanc et le rose sur ses fleurs en épis dressés bien au-dessus du feuillage.

— Peu connu encore, le *B. ciliata* est l'un des rares dont le feuillage est caduc. Ses feuilles sont semblables, en plus grand, à celles des saintpaulias et ses fleurs rose tendre sont les plus belles du genre.

Hauteur : 30 cm.
Étalement et distance de plantation : 30 cm.
Terre : riche en humus.
Exposition : mi-ombre.
Multiplication : par division des touffes après la floraison ou en automne.
Époque de floraison : de mars à mai.
Mode de végétation : vivace.

Bletilla striata

Bletilla

BLÉTILLA
Famille des orchidacées

Qui croirait, à admirer la vigueur et la facilité de culture de la *Bletilla hyacinthina,* que nous sommes devant une orchidée ? Elle n'a de ces dernières que la délicatesse du dessin des fleurs et leur ton rose raffiné mais pour le reste il faudrait plus la comparer à une tulipe botanique. Le feuillage ressemble tout à fait à celui du glaïeul.

Conseils utiles

— Plantez les rhizomes au printemps dans une terre ordinaire plutôt bien drainée.

— En la couvrant de feuilles mortes ou de fougères des bois (épais matelas) juste avant les grandes gelées, vous serez certains de la conserver de nombreuses années puisque même février 1985 n'a pu en venir à bout.

— Tous les trois ans, déterrez les touffes et divisez-les, en septembre de préférence.

Hauteur : 30 cm.
Étalement et distance de plantation : 15 cm.
Terre : ordinaire, même un peu calcaire.
Exposition : mi-ombre.
Multiplication : par division des touffes, en fin d'été ou au printemps.
Époque de floraison : de mai à juillet.
Mode de végétation : bulbe.

Brunnera

BRUNNERA
Famille des borraginacées

N'allez pas regarder votre touffe de *Brunnera macrophylla* pendant l'hiver, le spectacle est trop triste : le feuillage est tout noir et paraît mort ! Ne l'enlevez pas avant le mois de mars cependant car il protège la touffe du froid. Vous serez remercié de cette patience deux mois plus tard quand surgiront ses innombrables fleurs semblables à celles des myosotis. Une plante excellente en sous-bois où elle se ressèmera naturellement.

Conseils utiles

— Plantez-les en automne de préférence. Paillez le sol avec de l'écorce de pin ou de la tourbe. Arrosez seulement pendant la canicule.

— Plantez des bulbes à proximité, comme des narcisses à petites fleurs ou des crocus botaniques jaunes. Les épimédiums prospèrent dans les mêmes conditions et sont bien mis en valeur par le bleu des brunneras.

Hauteur : 40 cm.
Étalement et distance de plantation : 30 cm.
Terre : ordinaire.
Exposition : ombre.
Multiplication : par division des touffes, en automne.
Époque de floraison : de mai à juillet.
Mode de végétation : vivace.

Calluna
BRUYÈRE
Famille des éricacées

Très courante dans les clairières, cette bruyère se reconnaît à ses épis dressés apparaissant de la fin de l'été au début de l'hiver. Cultivée en compagnie de graminées, de fougères et de conifères nains au pied de bouleaux, elle permet de constituer des scènes sauvages ravissantes.

Conseils utiles

— Plantez-les en toute saison dans une terre acide, un mélange de sable, de terre de bruyère et de tourbe étant l'idéal. Paillez avec de l'écorce de pin qui forme un joli écrin.

— Après la floraison, laissez les fleurs fanées qui sont encore décoratives et taillez-les seulement en mars pour obliger les touffes à rester denses.

— Si des rameaux se dessèchent brutalement en cours de saison, traitez toutes les trois semaines avec de l'Aliette en juillet et en août.

Les meilleures variétés

Elles sont très nombreuses : 'Alba Plena', blanche ; 'Goldsworth Crimson', rouge foncé et 'H.E. Beale', rose argenté font partie des meilleures. Il existe aussi des variétés à **feuillage doré** mais elles manquent souvent de santé : 'Beoley Gold', 'Blazeaway', etc.

Hauteur : de 15 à 60 cm.
Étalement et distance de plantation : de 25 à 30 cm.
Terre : acide.
Exposition : ensoleillée, mi-ombre pour les variétés dorées.
Multiplication : par division des touffes, au printemps.
Époque de floraison : d'août à novembre.
Mode de végétation : vivace.

Campanula
CAMPANULE
Famille des campanulacées

Vaste tribu que celle des campanules ! On y trouve de tout, depuis les naines qui frôlent les dix centimètres de haut jusqu'aux altières qui dépassent allègrement les deux mètres. Leur couleur de base est le bleu mais elles affectionnent aussi le blanc et le rose frais. On en trouve pour les terres sèches comme pour les lieux humides, pour le soleil comme pour l'ombre. À vous de faire votre choix.

Conseils utiles

— Installez vos campanules, au printemps de préférence, quand la végétation redémarre ou encore en septembre pour qu'elles aient le temps de s'enraciner avant les grands froids.

— Arrosez régulièrement pendant le premier été et paillez le sol avec de la tourbe ou de l'écorce de pin.

— Pincez les tiges fanées pour éviter l'apparition des graines. On arrive ainsi à faire refleurir les campanules à grosses fleurs mais il faut, dans leur cas, pincer chaque fleur une à une car les nouvelles apparaissent à l'aisselle des anciennes.

— Divisez les touffes juste après la floraison ou au printemps. Vous pouvez aussi tenter les semis qui fleurissent généralement la deuxième année. C'est le seul moyen de multiplier la campanule à grosses fleurs.

Les meilleures variétés

— La *Campanule alliariifolia* présente une silhouette très gracieuse. Préférez l'espèce type à fleurs blanc crème, en juin, plutôt que la variété 'Ivory Bells' aux fleurs plus grandes mais moins élégante.

— La *C. carpatica* est souvent utilisée en bordures de massifs de rosiers. Ses corolles bleues ou blanches, sont largement ouvertes et si nombreuses qu'elles cachent le feuillage en juin, juillet. 'Turbinata' est un peu plus compacte.

— Merveille des rocailles et des dallages, la *C. cochlearifolia* nous tient sous le charme de ses fleurs minuscules, bleues ou blanches, en juillet, août.

— La *C. glomerata* se reconnaît facilement à ses fleurs regroupées en bouquets ronds et serrées, au début de l'été. Elle atteint un bleu violet d'une rare intensité chez 'Joan Elliott' ou 'Dahurica'.

— La grande *C. latifolia* est la reine des coins sauvages où ses fleurs constituent une attraction en juillet et en août. Elle fait très bel effet avec les guimauves, les salicaires et les lysimaques.

— La campanule à grosses fleurs, *C. medium,* est plus bisannuelle que vivace. Un semis en juin vous donnera des plantes très fleuries un an après. À marier aux rosiers anciens, aux tulipes tardives et aux pivoines pour des scènes inoubliables.

— La campanule à feuilles de pêcher *(C. persicifolia)* est rigoureusement impossible à rater. Elle se ressème souvent en un joyeux mélange de bleu et de blanc.

— Si elle a perdu son petit nom de *C. muralis* au profit de l'épouvantable *C. portenschlagiana,* la campanule des murailles reste une plante irremplaçable pour constituer des bordures très sages d'un bleu éblouissant en mai, juin. La *C. poscharskyana* est plus vigoureuse et convient tout à fait aux dallages.

— A l'opposé des précédentes, la campanule pyramidale *(C. pyramidalis)* avoisine les 2 m de haut et son aspect en pleine floraison est très spectaculaire, en plein été. Elle est malheureusement sensible à la pourriture hivernale et ne fleurit vraiment bien qu'une année.

— Très commune le long de nos chemins et ressemblant de loin à une ortie, la *C. trachelium* produit des grappes très longues de fleurs bleu mauve, au cœur de l'été. Elle se contente de sols très pauvres.

Hauteur : de 10 à 200 cm.
Étalement et distance de plantation : de 15 à 30 cm.
Terre : ordinaire, plutôt bien drainée en hiver.
Exposition : mi-ombre et plein soleil.
Multiplication : par semis ou par division des touffes.
Époque de floraison : de mai à octobre, selon les variétés.
Mode de végétation : annuelle, bisannuelle, vivace.

Cardiocrinum

LIS GÉANT
Famille des liliacées

Peu de plantes font autant d'effet que le *Cardiocrinum giganteum,* le fameux lis géant. Chaque tige, haute quelquefois de près de trois mètres, peut porter une vingtaine de fleurs en trompettes répandant un parfum délicieux. Encore difficile à trouver, ce lis n'a qu'un défaut : il meurt après cette floraison... sans nous quitter tout à fait puisqu'il produit des bulbilles qui attendent cependant six bonnes années avant de fleurir.

Conseils utiles

— Étant une plante de sous-bois, le lis géant apprécie une terre riche en humus et une exposition ombragée.

— Plantez-le dès réception car le bulbe ne doit pas sécher. S'il fait trop froid dehors, placez-le dans un pot rempli de terreau de feuilles en attendant (le haut du bulbe doit juste affleurer).

— Disposez dès le départ des appâts anti-limaces car celles-ci sont très friandes de ses feuilles et même du bulbe.

— Une fois la floraison achevée, déterrez les bulbilles apparus autour de la tige principale et replantez-les immédiatement à bon écartement.

Hauteur : de 1,5 à 3 m.
Étalement et distance de plantation : 40 cm.
Terre : terreau de feuilles pur.
Exposition : pas plus de 3 h de soleil par jour.
Multiplication : par les bulbilles.
Époque de floraison : juillet, août.
Mode de végétation : bulbe.

Cimicifuga

CIMICIFUGA
Famille des renonculacées

Parfaitement à leur aise dans les coins sauvages du jardin, les cimicifugas rappellent un peu les astilbes mais ne sortent pas du blanc pur. Plantez-en quelques masses avec des hortensias, des fuchsias et des fougères pour créer des scènes de fraîcheur.

Conseils utiles

— Plantez au printemps en espaçant largement les touffes.

— Paillez le sol au début de l'été avec des déchets de tonte de gazon ou des feuilles mortes décomposées.

— Tous les cinq ans, divisez les touffes devenues trop importantes.

Les meilleures variétés

— Le *Cimicifuga dahurica* fleurit au début de l'automne en longs épis très minces.

— Le *C. racemosa* est un peu plus haut que le précédent. Ses épis plus fournis se courbent gracieusement. Son odeur est plutôt déplaisante.

Hauteur : de 80 à 150 cm.
Étalement et distance de plantation : de 40 à 50 cm.
Terre : profonde et fraîche en été.
Exposition : mi-ombre et soleil si la terre est humide.
Multiplication : par division des touffes, au printemps.
Époque de floraison : de juillet à octobre.
Mode de végétation : vivace.

Codonopsis

CODONOPSIS
Famille des campanulacées

Voici une fleur à admirer de près, très exactement couché sur le sol pour mieux distinguer l'intérieur des petites cloches ! Leur robe crème est en effet parsemée de taches violettes, un peu comme certaines porcelaines de Chine. Hélas, l'odeur de fritillaire qui se dégage du feuillage de *Codonopsis clematidea,* quand on le froisse, ne pousse pas à réitérer cet examen.

Conseils utiles

— Plantez, au printemps de préférence, en indiquant soigneusement le lieu avec une étiquette impérissable. La végétation de cette plante démarrant tardivement, vous risqueriez de l'abîmer d'un coup de binette.

— Chaque année, apportez une poignée de bon compost au pied. Arrosez pendant la canicule. Étant à moitié grimpant, le codonopsis aime à se faufiler dans d'autres plantes, comme une lavande, une santoline ou même un rosier nain.

Hauteur : de 60 à 80 cm.
Étalement et distance de plantation : 20 cm.
Terre : terreau de feuilles et sable grossier.
Exposition : mi-ombre.
Multiplication : par division des touffes, au printemps.
Époque de floraison : juin, juillet.
Mode de végétation : vivace.

Convallaria

MUGUET

Famille des liliacées

Le muguet est le présent obligé du premier mai ! C'est dans les sols frais et profonds, un peu argileux qu'il se plaît le mieux, formant avec les ancolies, les pivoines et les perce-neige des massifs bon enfant et vraiment sans problème.

Conseils utiles

— Pour le faire fleurir au 1er mai à coup sûr, plantez-en, courant mars, des touffes grosses comme le poing dans des pots à fleurs remplis de compost bien mûr, que vous arroserez régulièrement.

— Tous les trois ans, à l'automne, divisez les touffes devenues envahissantes.

Hauteur : 20 cm.
Étalement et distance de plantation : 20 cm.
Terre : ordinaire, légèrement argileuse.
Exposition : mi-ombre.
Multiplication : par division des rhizomes.
Époque de floraison : avril, mai.
Mode de végétation : vivace.

Cyclamen

CYCLAMEN

Famille des primulacées

Avec leur feuillage étoilé, souvent auréolé d'argent, les cyclamens sont l'un des meilleurs couvre-sol dont on puisse rêver pour animer l'ombre légère d'un sous-bois. En choisissant bien vos variétés, vous en disposerez du printemps à l'automne et ne vous lasserez jamais de leurs corolles légères comme des papillons, au discret parfum de violette. Cela vous aidera à oublier les nombreux mois où seul un feuillage desséché et quelques spires correspondant aux queues des fleurs subsistent au-dessus du sol. Associez-les à des pervenches à petites fleurs blanches et des lamiums pour mieux occuper l'espace.

Conseils utiles

— Plantez vos cyclamens dans une terre enrichie en terreau de feuilles auquel vous pouvez joindre deux pelletées de compost bien décomposé pour chaque mètre carré.

Cyclamen coum

Ne les dérangez plus avant de nombreuses années et ne binez pas ces recoins car les semis spontanés sont fréquents. Si le tapis devient vraiment très dense, prélevez quelques bulbes, en pleine période de repos, pour les installer à d'autres endroits du jardin. Mais attention ! La face bombée des bulbes doit être disposée en dessous.

— Le semis est possible, avec des graines fraîches. Elles ne lèvent généralement qu'après l'hiver. Les premières fleurs apparaissent au bout de deux ans.

Les meilleures variétés

— La floraison des cyclamens est généralement synonyme de la **fin des grandes vacances.** C'est le cas des *C. europaeum* qui présentent tous deux un feuillage ressemblant à celui des lierres panachés et des fleurs rose pâle ou carmin, de septembre à novembre. Leurs bulbes peuvent devenir plus grands que des assiettes façon nouvelle cuisine. Le cyclamen à feuille de lierre *C. hederifolium* et *C. cilicium* se naturalisent très bien.

Cyclamen repandum

— Moins connus que les précédents, les cyclamens de **printemps** sont de grands rivaux des violettes. Les plus répandus sont *C. coum, C. pseudo-ibericum,* cramoisi et pourpre et le père de tous les cyclamens des fleuristes, *C. persicum* dont les fleurs sont plus grandes que les autres et souvent légèrement argentées. Leur parfum rappelle celui du muguet.

— Les jardiniers du Midi peuvent s'exercer aussi à la culture, à l'extérieur, des cyclamens miniatures généralement cultivés en potées. Ils sont très proches des cyclamens botaniques et leurs fleurs très nombreuses et minuscules sont charmantes. Un seul ennui : les graines sont très chères et mettent deux ans à fleurir...

Hauteur : de 10 à 40 cm.
Étalement et distance de plantation : 20 cm.
Terre : riche en humus.
Exposition : mi-ombre.
Multiplication : par semis, en automne.
Époque de floraison : printemps, automne.
Mode de végétation : bulbe.

Cynoglossum
CYNOGLOSSE
Famille des borraginacées

Pour le décrire, rien de plus simple : imaginez un myosotis géant. Le même bleu de Delft, les mêmes feuilles un peu rugueuses. Les seules différences : une stature plus imposante et surtout une époque de floraison plus tardive, au tout début de l'été. Cela vous permet des associations inédites, avec des crocosmias, par exemple.

Conseils utiles

— Plantez *Cynoglossum nervosum* à l'automne ou au printemps, à mi-ombre de préférence. N'hésitez pas à constituer des taches importantes en plantant une douzaine de pieds.

— Rabattez les touffes après la floraison avec une cisaille à gazon pour favoriser la croissance d'un nouveau feuillage.

— En septembre, divisez les touffes trop importantes et replantez les rejets immédiatement.

Hauteur : de 40 à 60 cm.
Étalement et distance de plantation : 25 cm.
Terre : riche en humus et restant fraîche en été.
Exposition : mi-ombre.
Multiplication : par division des touffes, en automne.
Époque de floraison : juin, juillet.
Mode de végétation : vivace.

Cypripedium
SABOT-DE-VÉNUS
Famille des orchidacées

Les sabots-de-Vénus signent les jardins raffinés. Il leur faut des soins relativement assidus pour prospérer... à moins que la situation ne leur plaise au point qu'ils deviennent envahissants. Chaque printemps vous apportera alors la vision enchanteresse de ces fleurs en « mocassin » à la texture cireuse étonnante.

Conseils utiles

— N'achetez que des plantes élevées en godets et non à racines nues. Mettez-les en place au printemps, quand les premières pousses apparaissent. Donnez-leur une terre très riche en humus, du terreau de feuilles pur si possible.

— Disposez des granulés anti-limaces en avril, mai.

— Arrosez au moins une fois tous les quinze jours en été et laissez les fleurs fanées donner des graines.

— Au bout de quelques années, quand les touffes sont très denses, divisez-les soigneusement en mars, avril.

Les meilleurs variétés

— Plante indigène menacée d'extinction, le *Cypripedium calceolus* mélange le jaune et le brun. Il apprécie une petite dose de calcaire dans la terre et supporte de vivre au soleil.

— Originaire de l'Amérique du Nord, le *Cypripedium reginae* préfère les sous-bois acides qui lui rappellent ses forêts natales. Il peut atteindre, voire dépasser 60 cm de haut.

Hauteur : de 30 à 60 cm.
Étalement et distance de plantation : 15 à 20 cm.
Terre : riche en humus.
Exposition : mi-ombre (sous des arbres caducs).
Multiplication : par division des touffes, au printemps.
Époque de floraison : juin, juillet.
Mode de végétation : vivace.

Dicentra

CŒUR-DE-MARIE,
CŒUR-DE-JEANNETTE
Famille des fumariacées

Avec la pivoine, l'ancolie et le myosotis, le cœur-de-Marie *(Dicentra spectabilis,* synonyme *Dielytra)* fait partie des plantes indispensables, car il est à la fois gracieux et sans histoire. Avec lui aucun souci, ou bien il se plaît chez vous et s'étoffe gentiment d'année en année ou bien... il n'y a rien à faire !

Conseils utiles

— C'est dans les sols riches en humus, assez frais et cependant exposés au soleil durant la moitié de la journée (au moins) que les cœurs-de-Marie réussissent le mieux.

— Plantez-les tôt à l'automne, en septembre, ou bien tôt au printemps, en mars, et ne les dérangez plus si vous voulez les voir fleurir abondamment et fidèlement.

Les meilleures variétés

— Au très populaire *Dicentra spectabilis,* rose, nous vous conseillons d'adjoindre sa variété blanche *(D. spectabilis* 'Alba'*).* Il fleurit en juin.

— Le *D. eximia,* rose ou blanc, forme des touffes assez basses, de 20 à 30 cm de haut et fleurit en juillet.

Hauteur : 20 à 60 cm.
Étalement et distance de plantation : 30 cm.
Terre : riche et légère.
Exposition : mi-ensoleillée.
Multiplication : par division des touffes.
Époque de floraison : de juin à août, selon les variétés.
Mode de végétation : vivace.

Digitalis

DIGITALE
Famille des scrophulariacées

Lorsqu'en juin les digitales pourpres *(Digitalis purpurea)* s'épanouissent soudain, les sous-bois de châtaigniers deviennent roses. Cette plante qu'on dit pionnière car elle est la première à ressurgir après la coupe des taillis, a sa place dans tous les jardins au sol frais, à tendance acide, qu'ils soient exposés à l'ombre ou au soleil. Elle fera bonne figure en compagnie des fougères, des ancolies, des thalictrums et des cœurs-de-Marie.

Conseils utiles

— Plantez tôt en automne, en septembre, pour les voir fleurir dès le printemps suivant.

— Essayez de ne pas les laisser monter à graines pour qu'elles vivent durant plusieurs années, sinon les plantes s'épuisent en deux ans.

Les meilleures variétés

— Meilleures quand elles sont cultivées en bisannuelles, les digitales pourpres *(Digitalis purpurea)* ont été améliorées pour présenter des fleurs horizontales et non pendantes : la sélection 'Excelsior' est la plus connue.

— Un peu à l'écart des espèces franchement vivaces, *D. ambigua* (ou *D. grandiflora)* nous offre un jaune étonnant sur des plantes pas très hautes (de 0,60 à 1 m). Il est prudent d'en conserver des graines car les touffes disparaissent parfois brutalement. *D. ferruginea* ne dépasse pas 90 cm de haut et se vêt de cuivre pour nous séduire. Les amateurs de couleurs rares et sensuelles apprécieront le rose fraise de *D. mertonensis.*

Hauteur : de 60 cm à 1,30 m.
Étalement et distance de plantation : 20 cm.
Terre : ordinaire, fraîche.
Exposition : mi-ombre à ensoleillée.
Multiplication : par semis.
Époque de floraison : de juin à juillet.
Mode de végétation : bisannuelle, vivace.

Epimedium rubrum

Dryas

DRYADE À HUIT PÉTALES
Famille des rosacées

Elle n'a pas froid aux yeux, cette habituée de la toundra ! Dans votre rocaille, elle sera l'une des rares fleurs capables d'égayer les pentes orientées au nord. Là elle formera des tapis, d'un vert profond émaillés de fleurs blanches en juin. La *Dryas octopetala* accompagne joliment les petits conifères, les bruyères et les premiers bulbes du printemps qui traversent facilement le bel écrin de son feuillage.

Conseils utiles

— Plantez en septembre, octobre, de préférence ou juste après les premiers froids, dans des poches de terre de bruyère sableuse. Arrosez régulièrement pendant la première année.

— Rajoutez du sable au centre des touffes au début de chaque hiver pour éviter l'humidité stagnante. Ne coupez pas les fleurs une fois fanées car les fruits aux graines plumeuses sont fort décoratifs.

— En fin d'été, prélevez des boutures que vous laisserez enraciner pendant tout l'hiver sous un châssis froid. Repiquez-les à demeure, au printemps.

Hauteur : 10 cm.
Étalement et distance de plantation : 30 à 50 cm.
Terre : acide et sableuse (terre de bruyère).
Exposition : quelconque, même au Nord.
Multiplication : par bouturage, en fin d'été.
Époque de floraison : juin, juillet.
Mode de végétation : vivace.

Epimedium

EPIMÈDE
Famille des berbéridacées

Mystérieux épimèdes qui restent méconnus alors qu'ils sont probablement la meilleure solution apportée à bien des situations ingrates. Capables de prospérer à l'ombre des grands arbres aussi bien que le lierre, ils se payent le luxe de posséder un feuillage changeant de couleur au fil des saisons en nous offrant de surcroît une floraison gracieuse au début du printemps. A découvrir sans attendre !

Conseils utiles

— Plantez-les en toute saison à condition de bien les arroser tout au long de la première année. La croissance est très lente au début puis les touffes prennent de l'ampleur. En les divisant tous les trois ans vous disposerez vite d'un véritable tapis de plusieurs mètres carrés à partir d'un seul pied.

— À la fin de l'hiver rasez le vieux feuillage pour mettre en valeur la floraison. Profitez-en pour apporter un paillis de tourbe ou de compost bien décomposé.

Les meilleures variétés

— *Epimedium grandiflorum* présente des fleurs de coloris variables, assez grandes et ressemblant à des ancolies.

— Les feuilles de l'*E. rubrum* prennent des couleurs printanières et hivernales magnifiques.

— *E. versicolor* 'Grandiflorum' possède des feuilles finement dentées et des fleurs jaune pâle ravissantes.

Hauteur : 20 à 30 cm.
Étalement et distance de plantation : 20 cm.
Terre : ordinaire, de préférence riche en humus.
Exposition : ombre.
Multiplication : par division des touffes, en septembre.
Époque de floraison : mars, avril.
Mode de végétation : vivace.

Erica vagans

Erica cinerea

Erica

BRUYÈRE

Famille des éricacées

Les bruyères, on adore ou on déteste. Leurs partisans apprécient les couleurs douces et le côté naturel, les détracteurs leur reprochent leur silhouette trapue et leur tristesse en hiver. Réconcilions les deux clans en leur trouvant une petite place en compagnie de quelques graminées qui viendront alléger leur masse. Evitons les grands groupes monotones et dispersons-les au gré des coins ombragés.

Conseils utiles

— Plantez-les en septembre, octobre ou en mars, avril dans une terre dépourvue de calcaire et restant un peu fraîche pendant tout l'été.

— Taillez les touffes à mi-hauteur avec une paire de cisailles à haies, juste après la floraison. Les touffes demeureront ainsi beaucoup plus denses et ne dégénéreront pas.

— Tenez le sol propre les premières années en éliminant surtout le chiendent. Une fois installées, les bruyères empêchent les mauvaises herbes de pousser.

Les meilleures variétés

— Les **bruyères d'hiver** *(Erica carnea)* bravent le mauvais temps pour nous offrir leurs clochettes. Parmi les plus jolies : 'Cecilia M. Beale', blanche ; 'Praecox rubra', blanche ; 'Springwood', blanche avec une pointe violette ; 'Winter Beauty', rose carmin. C'est l'une des bruyères qui supporte le mieux les sols calcaires. La variété 'Aurea', au feuillage doré et fleurs roses ne fait pas l'unanimité.

— La bruyère cendrée *(E. cinerea)* est commune dans nos landes et nos clairières. Ses fleurs réunies au bout des tiges en grappes lâches annoncent la **fin de l'été.** Les plus belles : 'C.D. Eason', rose foncé ; 'Cévennes', au curieux coloris

Erica carnea **'Springwood'**

lavande ; 'Pallida', rose clair.

— *E. darleyensis* est le fruit de **croisements** entre la bruyère d'hiver et une espèce méditerranéenne. Elle supporte relativement bien le calcaire comme la première et fleurit un peu plus tard. Les variétés sont rarement dénommées mais proposées par coloris.

— Facilement reconnaissable à ses fleurs en petits ballons de rugby regroupées au bout des tiges en grappes serrées, *E. tetralix* fleurit juste après *E. darleyensis,* au **début de l'été.** Les variétés 'Rosea', rose, et 'Con Underwood', rouge cramoisi sont les plus répandues.

— Faisant la liaison entre la dernière et les bruyères d'hiver, la bruyère vagabonde *(E. vagans)* forme assez vite un tapis drageonnant. Elle est quelquefois roussie par le froid mais reprend vite au printemps. 'Mrs D.F. Maxwell', rouge et 'Saint-Keverne', rose cerise méritent vraiment l'essai.

Hauteur : 30 à 50 cm.

Étalement et distance de plantation : 30 cm.

Terre : acide et sablonneuse.

Exposition : soleil et mi-ombre.

Multiplication : par division des touffes, après la floraison.

Époque de floraison : toute l'année selon les espèces.

Mode de végétation : vivace.

Erythronium revolutum 'White Beauty'

Erythronium

ÉRYTHRONE

Famille des liliacées

Avec les narcisses et les cerisiers à fleurs, voici l'un des plus gracieux présents du printemps. Avec leurs corolles aux couleurs tendres, tantôt rosées, tantôt jaunes, et leur feuillage éclaboussé de crème ou de brun, les érythrones ont belle allure, surtout si vous les plantez dans un sous-bois clair et riche en humus, par petites nappes de cinq ou six pour former des bouquets.

Conseils utiles

— Plantez, de préférence, tôt à l'automne, des bulbes bien frais dans de la bonne terre riche en humus. C'est dans le terreau de feuilles qu'ils croissent le mieux.

— Attention aux mulots et aux gelées. La première année, protégez les bulbes que vous aurez plantés à 10 cm sous terre sous un matelas de 5 cm de feuilles dans lequel vous glisserez une plaquette de poison.

Les meilleures variétés

— *Erythronium dens-canis* (Dent de chien), aux fleurs rosées, est le plus connu.

— *E. tuolumnense* aux fleurs d'un beau jaune laqué et au feuillage luisant est le plus gracieux.

— *E. revolutum* plaira aux amateurs de jardins blancs, car il a des fleurs ivoire.

Hauteur : de 10 à 25 cm.
Étalement et distance de plantation : 15 cm.
Terre : riche en humus.
Exposition : mi-ombre.
Multiplication : séparation des bulbes.
Époque de floraison : avril, mai.
Mode de végétation : bulbe.

Eucomis punctata
Filipendula rubra 'Magnifica'

Eucomis

EUCOMIS
Famille des liliacées

Pour les heureux possesseurs d'un jardin humifère, exposé à mi-ombre comme pour ceux qui se désespèrent d'avoir un jardin trop à l'ombre, l'eucomis est une aubaine qu'il faut savoir découvrir. Avec sa curieuse inflorescence vert tendre ponctuée de violet, semblable à un ananas et ses longues feuilles rubannées, il ne manque pas d'allure. L'helxine, les ancolies, les fougères, la grande digitale et la violette minuscule lui tiendront compagnie et, de saison en saison, vous le verrez s'étoffer et refleurir généreusement.

Conseils utiles

— Plantez les gros bulbes semblables à des jacinthes en mars, en sol profond et frais, à 10 cm de profondeur. Vous obtiendrez des effets plus heureux en les plantant par groupes de trois ou quatre.

— Là où un hiver rude est à craindre, paillez les touffes et protégez-les sous une tuile de faîtage.

— En terre lourde, plantez dans des poquets remplis d'un mélange terreux très sablonneux.

Les meilleures variétés

Il s'agit de deux espèces, très semblables, l'*Eucomis bicolor* qui atteint 30 cm et l'*Eucomis punctata,* plus haut (50 cm) et dont la tige est tigrée de grenat.

Hauteur : de 30 à 50 cm.
Étalement et distance de plantation : 20 cm.
Terre : ordinaire, fraîche.
Exposition : mi-ombre à ombre.
Multiplication : par semis ou par division des bulbes.
Époque de floraison : de juin à août.
Mode de végétation : bulbe.

Filipendula

FILIPENDULE
Famille des rosacées

Aubaine des jardiniers pressés qui préfèrent aménager un coin de pré en jardin sauvage plutôt que fignoler leurs plates-bandes, la *Filipendula* ne demande aucun entretien. Qu'il s'agisse de la Reine des prés *(Filipendula ulmaria)* ou des autres membres de cette grande famille, ce sont des plantes qui se contentent d'un sol frais et légèrement ombragé pour former, en compagnie des lysimaques, des macléayas, des rodgersias et des fougères, des massifs aussi ravissants que faciles à vivre.

Conseils utiles

— Plantez les filipendules en mars ou en septembre, octobre dans une terre franche et fraîche, à mi-ombre de préférence.

— Formez de belles taches de couleurs en disposant, côte à côte, cinq ou six plantes, au moins.

— Tous les trois ans, divisez les souches devenues envahissantes.

Les meilleures variétés

Aux côtés de la Reine des prés, délicieusement parfumée, la *Filipendula hexapetala,* aux plumets rose tendre ou blanc crème et au feuillage découpé comme celui d'une fougère et la *Filipendula rubra* 'Magnifica' d'un rose soutenu, seront du plus bel effet.

Hauteur : de 60 à 90 cm.
Étalement et distance de plantation : 30 cm.
Terre : ordinaire.
Exposition : ensoleillée ou mi-ombre.
Multiplication : par division des touffes.
Époque de floraison : de juin à septembre.
Mode de végétation : vivace.

Fuchsia

FUCHSIA
Famille des onagracées

Que seraient nos coins de jardin ombragés sans les fuchsias et leurs clochettes au charme si rétro ? En compagnie des hostas et des fougères, ils permettent d'apporter de la couleur là où peu d'autres fleurs se maintiendraient. Vous pouvez aussi les cultiver en potées, en donnant la préférence aux variétés au port souple ou encore en les cultivant sur tige, c'est-à-dire en sélectionnant une tige que l'on ébourgeonne sur 50 cm de haut avant de la pincer à multiples reprises pour obtenir une tête. Ce passe-temps réparti sur deux ans vous donnera des plantes à l'allure superbe.

Conseils utiles

— Ne les plantez pas dehors avant la mi-avril dans le Midi et la mi-mai dans le Nord. Arrosez régulièrement pendant la canicule et paillez le sol avec de la tourbe ou de l'écorce de pin. Donnez-leur des engrais solubles tous les mois. Si des mouches blanches minuscules s'envolent au moindre frôlement, traitez avec un insecticide à base de décaméthrine ou agissez préventivement en disposant deux pincées d'un insecticide à base de disulfoton à chaque pied, avant d'arroser.

— À l'approche des gelées, rentrez les pieds à l'abri dans une serre froide, à peine hors gel. Certains fuchsias peuvent rester dehors à la condition de les couvrir d'une bonne couche de paille et d'un film plastique pour empêcher toute pourriture. Par précaution et pour ne pas encombrer votre serre, bouturez-les en août et hivernez seulement les boutures en petits godets.

Les meilleures variétés

— La place manque pour évoquer tous les hybrides intéressants ! Demandez seulement à l'horticulteur quel est leur port : dressé, retombant ou souple. Cela vous donnera un idée de leur utilisation : en massif ou en potée.

— Les seuls fuchsias vraiment rustiques sont les *Fuchsia magellanica.* Ils forment de vraies haies si l'hiver ne vient pas les faucher au ras du sol (par précaution, paillez-les sur 10 cm). Dans ce cas, ils repartent de plus belle au printemps et ont tôt fait de reformer des touffes de plus de 1,50 m de haut. Trois vedettes : 'Riccartonii', le fameux grain d'avoine de nos grands-mères, dont les milliers de fleurs très fines s'agitent à la moindre brise ; 'Alba', en fait rose pâle et non blanc, ce fuchsia, au feuillage très vert et tendre, est un dur à cuire, l'un des plus rustiques qui soient ; 'Versicolor', admirable fuchsia au feuillage panaché de rose et de crème, qui donne l'impression d'un brouillard de toutes les couleurs si on le regarde de loin. Il n'a pas son pareil pour donner une impression de légèreté et d'irréel aux massifs d'ombre. Essayez-le dans le voisinage des hostas et des *Thalictrum dipterocarpum* et vous nous en direz des nouvelles !

Hauteur : de 30 cm à 1,80 m.
Étalement et distance de plantation : 30 cm.
Terre : riche en humus et toujours fraîche.
Exposition : ombre et mi-ombre.
Multiplication : par bouturage, en été.
Époque de floraison : de juin aux gelées.
Mode de végétation : vivace.

Geum

BENOÎTE

Famille des rosacées

Les benoîtes étaient des plantes bien connues de nos grands-parents. Leur feuillage duveteux, d'un vert tendre, leurs fleurs aux coloris vifs et presque émaillés, ainsi que leurs fruits très décoratifs leurs valaient de figurer dans tous les jardins de curé. Redécouvrez-les pour leur solidité et leur simplicité.

Conseils utiles

— Si n'importe quel sol leur convient, elles préfèrent ceux qui sont bien drainés et un peu enrichis avec du terreau de feuilles.

— Plantez-les en automne ou au printemps. Aucune protection n'est nécessaire en hiver. Laissez les fruits se développer car la plupart sont très jolis.

Les meilleures variétés

— Peu de plantes vivaces estivales peuvent rivaliser avec le *Geum* x *borisii* en ce qui concerne la durée de la floraison : de mai à septembre, à condition de bien arroser, il est vrai. Les fleurs sont grandes et d'un bel orange.

— Originaire du Chili, le *G. chiloense* a donné naissance à d'excellents hybrides. Les plus connus sont 'Lady Stratheden', jaune vif ; 'Mrs Bradshaw', écarlate ; 'Fire Opal', rouge brillant ; 'Georgenberg', jaune orangé et 'Princess Juliana', orangé.

Hauteur : de 30 à 60 cm.
Étalement et distance de plantation : 25 cm.
Terre : ordinaire, enrichie avec un peu de tourbe.
Exposition : au moins 3 h de soleil par jour.
Multiplication : par semis ou par division des touffes, en avril.
Époque de floraison : de mai à septembre.
Mode de végétation : vivace.

Helleborus

HELLÉBORE

Famille des renonculacées

Plantes promises à un grand avenir, les hellébores conjuguent la beauté des fleurs et la prestance de la silhouette. Ce sont des plantes très rustiques que l'on peut utiliser aussi bien dans les coins de jardin un peu sauvages comme dans les massifs les plus élaborés. Ajoutons à ce palmarès une propension à fleurir en plein hiver, saison où les fleurs sont peu nombreuses.

Conseils utiles

— Plantez-les tôt en automne de façon qu'elles aient le temps de bien s'installer avant les grands froids. Si vous les disposez dans des pots, rentrez ceux-ci sous un châssis froid car les racines gèlent assez facilement.

— Paillez le sol avec de l'écorce de pin ou de la tourbe, à partir du mois de mai. Laissez les fruits venir à maturité car vous pourrez ainsi profiter de semis naturels qui ne sont pas rares.

— Pendant les grandes chaleurs, arrosez de temps à autre et surveillez les pullulations de pucerons sur les extrémités de tiges tendres.

— Tous les trois ou quatre ans, régénérez les plantations en les divisant, au mois de septembre de préférence. Arrosez abondamment pour favoriser la reprise.

Les meilleures variétés

— La plus connue des hellébores est sans conteste la rose de Noël *(Helleborus niger)*. Ses fleurs apparaissent parfois pour cette fête mais attendent le plus souvent le mois de janvier, voire février. D'un blanc lavé de vert, elles sont relativement grandes.

— Si vous aimez les roses pourprés, choisissez l'*H. atrorubens*. Elle a le même port que la précédente.

— Plus haute et souvent plus sombre que cette dernière, l'*H. orientalis* est vraiment fascinante. Ses coloris sont très variables, aussi est-il conseillé de l'acheter en fleurs pour éviter les teintes délavées.

— Même si son nom — qui signifie hellébore puante — vous fait peur, laissez une place à l'*H. foetidus*. Son admirable feuillage palmé et ses fleurs en bouquets d'un vert pâle étonnant suffisant à lui donner la vedette de janvier à mai. Fréquente dans certains coins de nos campagnes, elle est tout à fait rustique. Pendant les grands froids sa tige principale ploie lamentablement mais elle se redresse dès le dégel.

— Reine incontestée, l'hellébore de Corse *(H. lividus* corsicus) ressemble beaucoup à la précédente, en plus haut et avec des feuilles finement dentelées. Ses fleurs vert tilleul se marient admirablement avec celles des mahonias, des narcisses et des lierres panachés d'or.

Hauteur : de 20 à 70 cm.
Étalement et distance de plantation : 25 à 30 cm.
Terre : très riche en humus (terreau de feuilles et tourbe).
Exposition : mi-ombre.
Multiplication : par semis (long) ou par division des touffes, en septembre.
Époque de floraison : de décembre à mai.
Mode de végétation : vivace.

Helleborus lividus corsicus
Helleborus* x *sternii

Helleborus corsicus
Helleborus orientalis

Hepatica
ANÉMONE HÉPATIQUE, HÉPATIQUE
Famille des renonculacées

Rappelant beaucoup les anémones des bois, en bleu, les *Hepatica triloba* sont charmantes au printemps, en compagnie de bulbes précoces, comme les éranthis, les crocus botaniques ou les *Iris reticulata*. Elles conviennent aussi bien aux sous-bois qu'aux endroits ombragés des rocailles et font d'adorables bordures.

Conseils utiles

— Plantez-les en toute saison, en groupes (six au moins) pour créer un effet de masse. Paillez le sol avec de l'écorce de pin pour mieux faire ressortir les fleurs sur un fond neutre.

— Divisez les touffes tous les trois ans, juste après la floraison, et arrosez abondamment pour favoriser la reprise. Les semis spontanés sont fréquents.

Hauteur : 10 cm.
Étalement et distance de plantation : 15 cm.
Terre : ordinaire, plutôt riche en humus.
Exposition : ombre.
Multiplication : par division de touffes, au printemps.
Époque de floraison : de février à avril.
Mode de végétation : vivace.

Hosta
HOSTA
Famille des liliacées

Les hostas préfèrent les jardins frais et ombragés. Ils s'y montrent sous leur meilleur jour, déployant largement leur feuillage sculptural, profondément nervuré, laqué et parfois éclaboussé de crème ou cerné d'argent délicat. En ville, elles permettent de composer des jardins harmonieux avec le seul dessin des feuillages et le jeu des verts et des blonds. Associez-les à l'helxine, aux fougères et aux eucomis, l'effet sera élégant, surprenant et ne vous occasionnera aucun entretien.

Conseils utiles

— Plantez au printemps, en terre fraîche et riche en humus.

— Tous les trois ou quatre ans, divisez les souches au printemps.

— Plantez les espèces intéressantes pour leurs fleurs comme l'*Hosta plantaginea,* l'*H. fortunei,* l'*H. lancifolia* et l'*H. ventricosa* à mi-ombre, elles fleuriront mieux.

Les meilleures variétés

La plus belle est l'*Hosta plantaginea* avec ses fleurs de lis blanches et son parfum. *H. fortunei* et H. lancifolia, fleurissent en mauve et *H. ventricosa* en violet. *H. sieboldiana* présente le feuillage le plus séduisant car il est bleu vert et velouté.

Hauteur : 30 cm.
Étalement et distance de plantation : 30 cm.
Terre : riche en humus.
Exposition : mi-ombre.
Multiplication : par division des souches, au printemps.
Époque de floraison : de juillet à août.
Mode de végétation : vivace.

Hyacinthoides

JACINTHE SAUVAGE

Famille des liliacées

À la fin du mois d'avril, au moment où les genêts sont en fleurs, les jacinthes des bois, *Hyacinthoides non-scripta,* s'épanouissent en larges nappes bleu sombre sous le couvert des sous-bois ou le long des talus frais. Peu importe que le sous-bois soit clairsemé ou enchevêtré de broussailles, ne laissant filtrer que peu de lumière, chaque printemps elles sont de retour. Plantez-les en larges massifs au pied de vos cerisiers à fleurs, vous obtiendrez à peu de frais un résultat magnifique.

Conseils utiles

— Plantez les bulbes sitôt les plantes fanées en les enterrant profondément, à 20 cm dans une bonne terre fraîche et riche en humus. N'y touchez plus ensuite.

— Lorsque vous cueillez les fleurs, laissez les feuilles pour que les plantes puissent continuer à s'alimenter, et surtout, ne cherchez pas à les arracher sans outil, elles sont si profondément enfouies que vous les abîmeriez inutilement.

Les meilleures variétés

Si la jacinthe de nos bois sent bon, et fleurit essentiellement en bleu avec quelques rares fleurs blanches, la jacinthe d'Espagne, *Hyacinthoides hispanica,* est bleu pâle et ne sent vraiment rien.

Hauteur : de 20 à 40 cm.
Étalement et distance de plantation : 15 cm.
Terre : fraîche et profonde.
Exposition : indifférente.
Multiplication : par séparation des bulbes, après la fanaison du feuillage.
Époque de floraison : d'avril à mai.
Mode de végétation : bulbe.

Impatiens

BALSAMINE, IMPATIENTE
Famille des balsaminacées

Les *Impatiens* ont constitué la principale nouveauté au jardin depuis la dernière guerre. On peut même difficilement imaginer ce que plantaient nos grands-parents à l'ombre, là où ces petites fleurs font merveille. Elles se sont révélées des plantes de jardinière remarquables, acceptant même le soleil pourvu qu'on les arrose régulièrement, c'est-à-dire une fois par jour pendant la canicule.

Conseils utiles

— Semez-les en mars ou avril, au chaud, sur une tablette de radiateur. La germination requiert de la lumière. N'enterrez pas les graines et recouvrez la terrine de semis avec une plaque de verre pendant les deux premières semaines. Si vous semez un mélange de coloris, repiquez ensuite tous les plants, y compris les moins valides car vous aurez ainsi un plus bel échantillonnage et non les seules rouge foncé. Pas trop d'arrosage sinon les plants pourrissent.

— Mettez en place les impatientes en mai et jusqu'à la mi-juin. Enrichissez la terre avec de la tourbe ou du terreau de feuilles.

— Apportez de l'engrais soluble tous les quinze jours dans l'eau d'arrosage.

— On peut les rentrer à l'intérieur, en octobre, et continuer de profiter de leur floraison, mais il vaut mieux pour cela cultiver des plants en pots car la transplantation de pieds adultes ne donne rien de bon.

Les meilleures variétés

— Les sélectionneurs n'arrêtent pas de créer des races nouvelles d'impatientes à massifs. Actuellement la mode des supernaines tend à refluer et l'on revient aux moyennes à fleurs plus grandes et qui tapissent mieux le sol. C'est le cas des 'Futura' ou d''Amazone'. Les *Impatiens* de Nouvelle-Guinée sont des plantes plus hautes au feuillage généralement panaché. Elles sont cultivées pour les potées mais tiennent très bien aussi dehors en massifs ombragés.

— Les balsamines *(I. balsamina)* diffèrent des impatientes par leurs fleurs en forme de casque grec, ou en cocarde, quand elles sont doubles. Elles présentent un port dressé avec des feuilles disposées comme sur un petit palmier. Elles sauront donner à votre jardin un look 1900 très accusé.

— Signalons aussi deux impatientes presque sauvage : l'*I. balfourii* vous a sûrement déjà attiré l'œil car elle occupe des kilomètres de fossés et ses fleurs bicolores blanches et violettes sont très voyantes. Elles indiquent les coins humides. Leurs fruits allongés éclatent au moindre toucher (d'où le nom d'impatiente) en répandant leurs graines au loin. Récoltez-en et semez-les avant l'hiver. Vous verrez certainement apparaître des plants l'année suivante et profiterez de sa présence ensuite régulièrement. L'*I. roylei* (synonyme : *I. glandulifera)* en est simplement une version géante, haute de près de 1,50 m, dont les fleurs rose pâle ou foncé (et très rarement blanches) sentent la prune. Elles finissent la saison avec des tiges grosses comme le bras !

Hauteur : de 15 à 150 cm.
Étalement et distance de plantation : de 15 à 50 cm.
Terre : riche en humus, fraîche et profondément bêchée.
Exposition : ombre et mi-ombre.
Multiplication : par semis, au printemps.
Époque de floraison : de juin aux gelées.
Mode de végétation : annuelle.

Ipomoea tricolor

Ipomoea

IPOMÉE, VOLUBILIS
Famille des convolvulacées

Les ipomées n'ont pas de rivales quand il s'agit de garnir un vieil arbre ou un grillage et de les couvrir de fleurs aux coloris changeants. Un simple fil de fer leur suffit pour se hisser à plusieurs mètres de haut en quelques semaines. Créer une tonnelle avec ces plantes est d'une facilité exemplaire.

Conseils utiles

— Faites tremper les graines pendant une nuit pour imbiber le tégument très coriace, puis incisez-les légèrement avec un couteau avant de les remettre à imbiber dans de l'eau tiède. Elles doublent alors de volume et la première racine apparaît très vite. Vous pouvez semer soit sous châssis froid, en avril, soit directement en place, en mai.

— Des températures trop fraîches entraînent le jaunissement du feuillage.

Les meilleures variétés

— L'ipomée volubilis *(Ipomoea purpurea)* présente des fleurs rouges, blanches ou pourpres devenant très pâles au bout de quelques heures. Ces trompettes sont de taille plutôt moyenne (8 cm de diamètre).

— Les corolles de l'ipomée tricolore (*I. tricolor* ou *rubro-caerulea*) sont plus grandes (10 cm de diamètre) et présentent un cœur jaune. Elles s'ouvrent le matin et se ferment dans l'après-midi.

Hauteur : de 2 à 3 m.
Étalement et distance de plantation : 30 cm.
Terre : riche et restant fraîche en été.
Exposition : nord-est, est et sud-est mais pas plein sud.
Multiplication : par semis, au printemps.
Époque de floraison : de juillet à septembre.
Mode de végétation : annuelle.

Lamium

LAMIER

Famille des labiées

Peu de plantes couvre-sol présentent autant de qualités que les lamiers, au point qu'on les a peut-être trop utilisés en tapis uniformes. Il est plus intéressant de les mélanger à d'autres plantes amoureuses, comme eux, des endroits ombragés, telles les hostas, les pivoines ou les arums. Vous créerez ainsi des marqueteries vertes du meilleur effet.

Conseils utiles

— Plantez-les tôt, en automne ou au printemps, si votre terre est lourde. Apportez un peu de tourbe et recouvrez le sol d'écorce de pin pour éviter les mauvaises herbes en attendant que les lamiers aient tout recouvert.

— Multipliez-les en séparant des tiges enracinées, au printemps, pour les repiquer immédiatement.

Les meilleures variétés

— Le plus élégant des lamiums est le *Lamium maculatum,* dont les feuilles sont tachées de blanc chez 'Beacon Silver', ou de vert argenté chez 'Chequers'. Les fleurs sont roses.

— Très répandu, le *L. galeobdolon* a quelquefois mauvaise réputation car il est très vagabond. Ses variétés 'Florentinum' et 'Silvercarpet' présentent moins ce défaut. Toutes deux sont panachées et leurs fleurs sont blanches.

Hauteur : de 20 à 25 cm.
Étalement et distance de plantation : 25 cm.
Terre : ordinaire, plutôt riche en humus.
Exposition : ombre.
Multiplication : par séparation de tiges enracinées, au printemps.
Époque de floraison : d'avril à juin.
Mode de végétation : vivace.

Lamium galeobdolon

Lamium maculatum

Leucojum

NIVÉOLE
Famille des amaryllidacées

Peu répandus dans les jardins, les nivéoles, surnommés aussi flocons de neige par nos amis anglais, enchantent le printemps par leur silhouette gracieuse et le blanc pur de leurs corolles encore avivé par un reste de vert sur le bord des pétales. Ce sont des plantes merveilleuses pour les endroits sauvages.

Conseils utiles

— Enterrez les bulbes à faible profondeur (5 cm) à l'automne, dans une terre ordinaire, de préférence un peu lourde. Par la suite, laissez les bulbes se naturaliser et former des taches de plus en plus grandes.

— Divisez-les au bout de cinq ans, juste après la floraison, et replantez-les immédiatement à bon écartement.

Les meilleures variétés

— Faussement appelée nivéole d'été alors qu'elle fleurit en avril, mai, le *Leucojum aestivum* est particulièrement décoratif en grosses touffes, au bord de l'eau et dans les terrains frais.

— Accompagnant les hépatiques, les *Iris reticulata* et les perce-neige, le *L. vernum* forme des tapis merveilleux dans nos bois, aux mois de février et de mars.

Hauteur : de 15 à 60 cm.
Étalement et distance de plantation : 15 cm.
Terre : ordinaire, plutôt argileuse.
Exposition : mi-ombre et ombre.
Multiplication : par séparation des bulbes, après la floraison.
Époque de floraison : de février à mai.
Mode de végétation : bulbe.

Ligularia

LIGULAIRE
Famille des composées

Poussant avec une rare vigueur dans les sols humides et profonds, les ligulaires rendent bien des services quand il s'agit de garnir des surfaces importantes. Elles s'associent bien avec les osmondes, les méconopsis, les lysimaques et les salicaires pour décorer les bords des pièces d'eau.

Conseils utiles

— Plantez-les, en automne ou au printemps, après avoir bêché profondément et apporté du terreau de feuilles et de la tourbe.

— Protégez des limaces avec quelques appâts et arrosez régulièrement pendant le premier été. Si la terre reste fraîche en profondeur vous n'aurez pas à vous inquiéter.

Les meilleures variétés

— La *Ligularia clivorum* est l'une des plus modestes du genre par son encombrement. Elle forme un dôme d'un mètre de haut. La variété 'Desdemone' présente des feuilles au revers pourpre.

— On monte d'un cran avec *L. przewalskii* aux feuilles étonnamment découpées. Ses fleurs en épis culminent à deux mètres de haut.

— Un peu plus vigoureuse encore, la *L. wilsoniana* a la stature d'un arbuste. Ses feuilles rondes de belle taille mettent bien en valeur ses épis de grandes fleurs jaune d'or.

— *L. japonica* atteint des proportions impressionnantes si elle est cultivée dans une terre bien humide. Elle est, en effet, très friande d'eau.

Hauteur : de 100 à 150 cm.
Étalement et distance de plantation : de 60 cm à 100 cm.
Terre : riche et toujours humide.
Exposition : soleil ou mi-ombre.
Multiplication : par division des touffes, au printemps.
Époque de floraison : de juin à septembre.
Mode de végétation : vivace.

Ligularia przewalskii

Matteucia
FOUGÈRE PLUME D'AUTRUCHE
Famille des polypodiacées

On pourrait la confondre avec la fougère mâle mais les frondes de *Matteucia struthiopteris* sont d'une texture plus délicate qui fait chanter la lumière et les fait paraître blondes. Leurs pointes se courbent joliment à la manière des plumes d'autruche. Elle se plaira en compagnie des lysimaques, des helxines et des ancolies, partout où le sol du jardin est à la fois meuble et frais, même s'il est peu ensoleillé.

Conseils utiles

— Plantez au printemps, en sol frais, et à exposition semi-ombragée, ces fougères redoutant le plein soleil qui grille leurs frondes.

— Espacez les plantes de 1 m, elles ont besoin d'espace pour se développer.

Hauteur : 70 cm.
Étalement et distance de plantation : 1 m.
Terre : fraîche, riche en humus.
Exposition : mi-ombre.
Multiplication : par division des souches, au printemps.
Mode de végétation : vivace.

Meconopsis
PAVOT DE L'HIMALAYA
Famille des papavéracées

Sublimes, ces fleurs sont la coqueluche des amateurs assez fortunés pour tenter leur culture. Disons-le tout net, à part le charmant *Meconopsis cambrica,* leur réussite n'est pas une partie de plaisir. Mais aussi quelle fierté quand s'épanouissent leurs corolles bleu d'azur !

Conseils utiles

— Plantez-les tôt en automne, de façon à leur permettre de s'enraciner avant les froids. Recouvrez-les d'une cloche pour éviter l'excès d'humidité en hiver. Disposez des appâts anti-limaces. Ou cernez le groupe de plantes avec de la cendre de bois. Dès le mois de mai, paillez le sol avec de l'écorce de pin ou de la tourbe et arrosez régulièrement.

— La plupart des variétés meurent après la floraison si celle-ci a été très abondante durant la première année. Par prudence, empêchez un pied de fleurir en coupant sa hampe florale. Ramassez les graines des autres et semez-les aux alentours et dans une caissette que vous exposerez au froid, en hiver. La levée a lieu au printemps suivant et les plants fleurissent un an après.

Les meilleures variétés

— S'il est encore le plus connu, le *Meconopsis betonicifolia* n'est pas le plus facile à apprivoiser. Préférez-lui le *M. grandis* aux fleurs mieux disposées et d'un bleu encore plus extraordinaire. Ce dernier présente aussi l'intérêt de mourir moins souvent au bout d'un an.

— Le *M. cambrica* est plus semblable à une chélidoine jaune qu'à ses grands frères azurés. Il se ressème souvent spontanément et colonise bientôt tous les endroits ombragés. Cette gentille peste est en fleurs presque toute l'année. Il en existe des variétés à fleurs doubles et d'autres orange, mais l'espèce type est fort jolie.

— C'est plus pour son feuillage que pour ses curieuses fleurs couleur prune que l'on élève le rarissime *M. napaulensis*, originaire du Népal. Il développe une rosette de feuilles la première année puis étire sa hampe de fleurs au cours du printemps. Ses feuilles velues retenant les gouttes d'eau comme autant de perles de mercure, sont de toute beauté.

Hauteur : de 30 à 180 cm.
Étalement et distance de plantation : 30 cm.
Terre : acide (terre de bruyère et tourbe sableuse).
Exposition : mi-ombre.
Multiplication : par semis, en automne.
Époque de floraison : de juin à septembre.
Mode de végétation : bisannuelle, vivace.

Mertensia

CONSOUDE DE VIRGINIE
Famille des borraginacées

Cette beauté nord-américaine nous charme à la fois par son feuillage glauque, rampant, et ses fleurs d'un bleu divin, regroupées en bouquets nonchalamment courbés. L'harmonie des deux couleurs est parfaite et évoque les lieux frais qu'elle préfère. Adoptez-la et donnez-lui des compagnons à la floraison plus tardive, comme les asters ou les physostegias, blancs ou roses, car son feuillage disparaît dès la mi-juillet. Seule persiste une grosse racine en forme de carotte qu'il ne faut surtout pas abîmer en binant malencontreusement.

Conseils utiles

— Plantez *Mertensia virginica* en début d'automne ou très tôt au printemps, dans une terre bêchée profondément et enrichie avec des apports de matière organique (terreau de feuilles et tourbe).

— Ne laissez pas la plante sécher prématurément au printemps et arrosez en avril ou mai si la terre devient sèche. Paillez dès le mois de mars avec 5 cm d'écorce de pin broyée.

Hauteur : de 30 à 50 cm.
Étalement et distance de plantation : 30 cm.
Terre : riche en humus.
Exposition : mi-ombre.
Multiplication : par division des touffes, en automne ou au printemps.
Époque de floraison : mai.
Mode de végétation : vivace.

Nemesia

NÉMÉSIA
Famille des scrophulariacées

La gaieté de leurs coloris fait merveille dans un jardin bien qu'on ne les y rencontre que rarement. Est-ce en raison de la relative brièveté de leur floraison, de trois à quatre semaines ? Voilà une injustice à réparer, car peu de fleurs proposent une telle fraîcheur naïve en été. Elle se plaît autant dans les jardinières que dans les massifs.

Conseils utiles

— Semez les graines de *Nemesia strumosa* en les espaçant de plusieurs centimètres, au mois d'avril, dans une terrine ou un coin de châssis.

— Repiquez les jeunes plants un mois plus tard, directement en place s'il fait beau. Pincez-les à 10 cm de hauteur pour les forcer à se ramifier, ce qui augmente la masse des fleurs.

— Arrosez abondamment pendant la floraison et rabattez les tiges après celle-ci jusqu'au niveau des feuilles. Une nouvelle floraison aura lieu trois semaines plus tard.

La meilleure variété

Peu de variétés sont proposées par les grainetiers. La plus répandue est 'Carnaval', qui atteint 40 cm de haut et offre tous les tons, du jaune le plus pâle au rose en passant par des bruns chauds et des orange veloutés.

Hauteur : de 20 à 40 cm.
Étalement et distance de plantation : de 15 à 30 cm.
Terre : assez riche et légère.
Exposition : mi-ombre pour que les couleurs ne passent pas au soleil.
Multiplication : par semis, au printemps.
Époque de floraison : de mai aux gelées, pendant 1 mois.
Mode de végétation : annuelle.

Omphalodes
OMPHALODES
Famille des borraginacées

Si les feuilles de l'*Omphalodes verna* manquent un peu de discrétion, c'est pour mieux mettre en valeur la délicatesse exquise des fleurs qui arborent un bleu de faïence ravissant. Cette plante très robuste est parfaitement à son aise dans les sous-bois même secs. Associez-la à des anémones sylvie, des jonquilles et des fritillaires méléagres qui sauront traverser son feuillage avec élégance.

Conseils utiles

— Plantez-le en automne, de préférence, en formant des groupes importants. C'est un excellent couvre-sol qui peut rivaliser avec le lierre et la pervenche. Amendez la terre avec de la tourbe ou du terreau de feuilles.

— En février, nettoyez les touffes de feuilles mortes et apportez un peu de tourbe ou d'écorce de pin. Vous pouvez diviser les touffes en fin d'été et replanter immédiatement les éclats.

Hauteur : de 15 à 20 cm.
Étalement et distance de plantation : 20 cm.
Terre : riche en humus.
Exposition : ombre et mi-ombre.
Multiplication : par séparation d'éclats, en fin d'été.
Époque de floraison : de février à mai.
Mode de végétation : vivace.

Ourisia macrophylla

Ourisia
OURISIA
Famille des scrophulariacées

Excellente petite plante pour des lieux humides, elle se plaît dans les endroits frais et dans certaines rocailles.

Conseil utile

Semez les graines en avril, vous les mettrez en place au printemps suivant ou divisez les touffes à la même époque.

Les meilleures variétés

Ourisia coccinea forme d'épais tapis avec des fleurs rouges tubulaires. *O. macrophylla* présente des fleurs blanches tubulaires.

Hauteur : 20 cm.
Étalement et distance de plantation : 0,50 m.
Terre : riche en humus, mais drainée.
Exposition : mi-ombre.
Multiplication : par semis ou par division des touffes, en avril.
Époque de floraison : été.
Mode de végétation : vivace.

Omphalodes verna

Pachysandra

PACHYSANDRA
Famille des buxacées

Si l'on s'est un peu dégoûté des pachysandras c'est pour en avoir vu trop souvent dans des espaces verts publics où ils sont employés uniquement à la décoration des sous-bois. De là leur réputation d'ennui. Utilisez les *Pachysandra terminalis* dans ces endroits déshérités mais adjoignez-leur des bulbes de printemps, des hortensias et des pervenches comme compagnons pour éviter la monotonie des plantations pures.

Conseils utiles

— Plantez, en toute saison, des plants élevés en godets et au printemps, des plants à racines nues. Taillez le feuillage à chaque printemps pour le rendre plus dense. Apportez du sang desséché si la terre est de mauvaise qualité.

— Tous les cinq ans, divisez les touffes pour les renouveler, de préférence au début de l'automne.

Hauteur : 40 cm.
Étalement et distance de plantation : 30 cm.
Terre : quelconque, la croissance est plus rapide en sol riche en humus.
Exposition : ombre et mi-ombre.
Multiplication : par division des touffes, au printemps.
Époque de floraison : en avril (peu intéressante).
Mode de végétation : vivace.

Petasites

TUSSILAGE
Famille des composées

Quand les fleurs de tussilage surgissent brutalement, comme des pissenlits géants, on est toujours surpris de se rappeler que le feuillage plutôt banal qui leur a donné naissance ressemble en fait à celui d'une mauvaise herbe. Elle est effectivement très envahissante. Ne lui confiez que des endroits ingrats, comme des bords de fossés.

Conseils utiles

— Plantez les *Petasites fragrans,* au printemps ou en automne, et veillez à ce qu'ils ne dépassent pas les limites imparties. Pas de parasites ni de soins particuliers mais il est bon de protéger les souches avec des feuilles mortes car les hivers très froids peuvent les endommager.

— Associez-les avec des galanthus, des pivoines, des fougères et des sceaux de Salomon.

Hauteur : 50 cm.
Étalement et distance de plantation : 30 cm.
Terre : ordinaire, plutôt riche en humus.
Exposition : mi-ombre.
Multiplication : par division des touffes, en toute saison.
Époque de floraison : décembre, janvier.
Mode de végétation : vivace.

Phyllitis

SCOLOPENDRE

Famille des polypodiacées

Les scolopendres sont ces fougères aux feuilles allongées et plissées qui garnissent souvent les lieux ombragés et frais, comme les abords des grottes ou l'intérieur des puits. Vous pouvez très bien en border une allée de sous-bois à sol frais ou un escalier de pierres sèches exposé au nord. Les feuilles des *Phyllitis scolopendrium* serviront alors d'écrin aux cœurs-de-Marie, aux arums et aux sceaux-de-Salomon.

Conseils utiles

— Plantez-les en toute saison s'ils sont élevés en godets et sinon au printemps. Donnez-leur une terre riche, même si elle est peu épaisse.

— Arrosez souvent et paillez le sol avec de la tourbe blonde, en mai.

— Divisez les touffes tous les trois ans, au printemps.

Hauteur : 50 cm.
Étalement et distance de plantation : 30 cm.
Terre : riche en humus, enrichie en tourbe.
Exposition : ombre.
Multiplication : par division des touffes, au printemps.
Époque de floraison : néant.
Mode de végétation : vivace.

Pinguicula

VIOLETTE DES MARAIS

Famille des lentibulariacées

La *Pinguicula grandiflora* ressemble à une violette, mais ce n'est pas une violette, c'est une drôle de petite plante carnivore qui n'aime rien mieux que l'atmosphère moite des jardins humides, car elle est originaire des marais. Rustique dans les régions où l'hiver reste modéré, elle est à réserver aux jardiniers soigneux qui sauront lui donner l'attention qu'elle requiert. Attention, comme le platycodon, elle disparaît complètement, en hiver ! Associez-la à des helxines et à des capillaires.

Conseils utiles

— Plantez, de préférence au printemps, en sol humide à mi-ombre.

— Marquez l'emplacement des plantations avec une brindille, une tige de petit houx, par exemple, pour les repérer.

— C'est en bordure ou plantée en petits groupes de 5 ou 6 plantes, qu'elle donne le plus bel effet.

Hauteur : 15 cm.
Étalement et distance de plantation : 15 cm.
Terre : riche en humus, humide.
Exposition : mi-ombre.
Multiplication : par semis, en automne, ou par division des touffes, au printemps.
Époque de floraison : juin.
Mode de végétation : vivace.

Podophyllum emodi

Podophyllum
PODOPHYLLUM
Famille des podophyllacées

Fort peu courante dans les catalogues, cette plante au cycle de végétation relativement court, de mars à juillet, nous fournit un bien curieux spectacle : cela commence avec des feuilles élégamment découpées, teintées de pourpre à leur naissance. Puis s'ouvrent les fleurs, souvent grandes et rose pâle comme celles des pommiers, suivies de fruits gros comme des œufs de poule, rouge groseille, comestibles mais pas délectables. Cette plante a sa place dans les coins sauvages, au sol frais et acide, comme les sous-bois.

Conseils utiles

— Plantez-le, en automne ou au printemps, dans une terre profonde et riche en humus. Associez-le aux fougères et aux méconopsis qui poussent dans les mêmes conditions.

— Récoltez les fruits mûrs pour en extraire les graines. Semez-les en automne, la levée a lieu, en général, au printemps suivant et les jeunes plants peuvent être installés l'année suivante.

— Paillez le sol avec de l'écorce de pin au début du printemps pour mieux mettre en valeur la beauté du feuillage naissant.

Hauteur : 50 cm.
Étalement et distance de plantation : 30 cm.
Terre : riche en humus et toujours fraîche.
Exposition : mi-ombre.
Multiplication : par semis, en automne ou par division des touffes au début du printemps, avant le démarrage de la végétation.
Époque de floraison : avril.
Mode de végétation : vivace.

Polygonatum
SCEAU-DE-SALOMON
Famille des liliacées

Vers la mi-mai, les sous-bois s'éclairent des fraîches hampes fleuries des sceaux-de-Salomon. Un spectacle reposant qui prend le relais des scilles à l'intense floraison bleue. Parfaits pour un jardin ombragé ou pour un sous-bois, ils sont peu utilisés dans les jardins français alors que les Anglais en raffolent. Associez-les à des magnolias, des cerisiers et pommiers à fleurs. Installez-les en compagnie de berces du Caucase et de macléayas dans un coin de jardin sauvage, ils ne vous causeront aucun souci et refleuriront très fidèlement.

Conseils utiles

— Plantez de juillet à septembre les espèces sauvages, dans un sol frais et riche en humus, de préférence à mi-ombre.

— Plantez dès septembre les cultivars. Pour bien fleurir les plantes doivent être mises en place tôt en saison.

Les meilleures variétés

Préférez le *Polygonatum multiflorum,* notre plante indigène ou le *P. commutatum,* le sceau-de-Salomon géant, à la floraison spectaculaire, qui atteint facilement 1,20 m de haut.

Hauteur : de 30 cm à 120 cm.
Étalement et distance de plantation : 30 cm.
Terre : ordinaire, fraîche.
Exposition : mi-ombre.
Multiplication : par division des souches et par semis, au printemps.
Époque de floraison : mai, juin.
Mode de végétation : vivace.

Polystichum

POLYSTICHUM
Famille des polypodiacées

Fougère délicate pour les jardins soignés, elle est du plus bel effet dans un massif où figurent déjà des fuchsias, des lysimaches et des eucomis bicolores. Vous pouvez aussi la cultiver en sous-bois mais à la condition qu'il soit soigné. Attention ! certaines fougères de cette famille ne sont que moyennement rustiques, c'est le cas par exemple du *Polystichum falcatum.*

Conseils utiles

— Plantez au printemps, dans un sol très riche en humus. Comptez une pelletée de terreau bien mûr par plante et paillez le sol au besoin avec du terreau à demi décomposé pour l'alléger et l'enrichir s'il est un brin compact.

— Cultivez-les à l'abri des courants d'air et des coups de soleil qui abîmeraient leur feuillage.

Les meilleures variétés

Polystichum falcatum (ou *Cyrtomium falcatum)* est le plus connu, il croît volontiers en pot mais redoute les gelées. Citons aussi le *P. aculeatum,* persistant, à cultiver au bord de l'eau et le *P. setiferum* semi-persistant, aux frondes délicatement découpées. *P. acrostichoides,* d'un beau vert profond — qui demeure intact en hiver — est une bonne plante de jardin ; elle s'associe harmonieusement avec des groupes de fuchsias.

Hauteur : de 60 cm à 1 m.
Étalement et distance de plantation : 30 cm.
Terre : riche en humus, fraîche.
Exposition : mi-ombre.
Multiplication : par semis et par division des souches en automne ou bien au printemps.
Floraison : néant.
Mode de végétation : vivace.

Primula japonica

Primula denticulata

Primula sieboldii 'Alba'

Primula

PRIMEVÈRE
Famille des primulacées

Vaste famille que celle des primevères qui va des plantes de rocaille les plus minuscules jusqu'à des presque géantes culminant à près d'un mètre. Même diversité dans les habitats et les couleurs, avec une certaine prédilection pour les coloris pastel. On y trouve des plantes très connues ou des raretés pour collectionneur. Certaines disparaissent en hiver, elles seront au rendez-vous au printemps.

Conseils utiles

— Plantez-les au printemps, de préférence, ou tôt en automne pour les variétés à floraison précoce qui doivent s'installer avant l'hiver pour fleurir correctement dès le premier printemps.

— Paillez le sol avec de l'écorce de pin ou de la tourbe et arrosez régulièrement pendant le premier été car les primevères apprécient particulièrement la fraîcheur.

— Divisez les touffes devenues trop volumineuses en début d'automne et replantez-les immédiatement.

Les meilleures variétés

— La *Primula acaulis* est le nom donné à beaucoup d'hybrides fleurissant tôt au printemps et même quelquefois en automne. Ce sont des compagnes rêvées pour les tulipes et les myosotis. Leur floraison dure facilement deux mois.

— Parmi les primevères à étages, dont les fleurs sont disposées par petits groupes successifs sur de longues hampes, la *P. beesiana* est rose carminé tandis que *P. bulleyana* est plutôt jaune orangé, coloris rare chez les primevères. Signalons aussi les primevères japonaises *(P. japonica)* extraordinaires pour les coins humides et qui présentent le même aspect.

— Rappelant un peu un coucou géant, la *P. florindae* peut atteindre un mètre de

haut et nous charme avec ses fleurs jaune pâle délicieusement parfumées.

— Parmi les merveilles pour rocaille, la *P. juliae* est un petit bijou d'un rose tendre. 'Verveana' est violette tandis que 'Wanda' est pourpre. La *P. viali,* aux curieuses fleurs semblables à celles des liatris, demande beaucoup de soin pour être séduisante.

— D'autres beautés en vrac : *P. denticulata* aux fleurs regroupées en boules, roses, blanches ou carmin ; *P. auricula* et *P. pulverulenta* aux feuilles épaisses et recouvertes d'une sorte de farine ; *P. rosea* au port très compact mais aux fleurs assez grandes ; *P. capitata,* pas vraiment rustique, qui nous éblouit par la beauté de ses fleurs regroupées en épis ressemblant de loin à une jacinthe bleue et répandant la même odeur enivrante et *P. sieboldii* 'Alba', à planter en sous-bois, qui fleurit, en blanc, en mai, juin.

Hauteur : de 10 à 100 cm.
Étalement et distance de plantation : de 10 à 30 cm.
Terre : fraîche et riche en humus.
Exposition : mi-ombre.
Multiplication : au printemps, par semis et par division des touffes.
Époque de floraison : de février à juillet.
Mode de végétation : bisannuelle, vivace.

Prunella

PRUNELLE
Famille des labiées

Il arrive souvent que la prunelle commune s'enracine dans nos massifs ombragés. Rien ne vous empêche de l'y installer à demeure car peu de plantes peuvent rivaliser avec elle pour former un tapis dense couvert de fleurs pendant l'été.

Conseils utiles

— Plantez-les en automne et paillez le sol dès le printemps. Arrosez régulièrement pour favoriser l'implantation. Rasez les touffes à la fin de l'été pour les rendre plus jolies.

— Divisez les touffes quand elles deviennent creuses au centre, au printemps.

Les meilleures variétés

— *Prunella grandiflora* a donné naissance à deux variations, rose carminé et blanche, à côté de la violette classique.

— *P. webbiana* est en fait un hybride entre la précédente et la prunelle des Pyrénées. Elle fleurit en violet tendre, en rose ou en blanc selon les variétés joliment dénommées 'Loveliness'.

Hauteur : de 15 à 20 cm.
Étalement et distance de plantation : 20 cm.
Terre : ordinaire, de préférence riche en humus.
Exposition : ombre.
Multiplication : par division des touffes, en avril.
Époque de floraison : de juin à septembre.
Mode de végétation : vivace.

Pulmonaria saccharata 'Mrs Moon'

Pulmonaria

PULMONAIRE

Famille des borraginacées

Pourquoi n'emploie-t-on pas plus souvent les pulmonaires en guise de couvre-sol ? Leur feuillage persistant, ponctué d'argent vaut pourtant bien celui de plantes réputées décoratives, comme le lamier ou les rubus, par exemple. Lorsqu'elles fleurissent, à la fin mars, elles annoncent le retour du printemps, devançant les primevères et les violettes elles-mêmes !

Conseils utiles

— Plantez, à l'automne ou au printemps, en sous-bois ou en couvre-sol, à mi-ombre dans une bonne terre ordinaire en comptant une plante tous les 20 cm.

— Bien qu'elles préfèrent, généralement, les sols bien drainés les pulmonaires acceptent de croître sans histoire, dans les sols humides.

Les meilleures variétés

Outre *Pulmonaria officinalis* aux fleurs bleues et rouges, vous pouvez adopter *P. angustifolia* 'Azurea' pour ses fleurs bleu d'azur et son feuillage bien vert et surtout, *P. saccharata,* ou sauge de Bethléem, pour ses étonnantes fleurs carmin devenant bleues.

Hauteur : 20 cm.
Étalement et distance de plantation : 20 cm.
Terre : ordinaire.
Exposition : mi-ombre.
Multiplication : par division des souches, en automne ou tôt, au printemps.
Époque de floraison : mars, avril.
Mode de végétation : vivace.

Ramonda

RAMONDA

Famille des gesnériacées

Toute environnée d'une auréole de plante difficile à cultiver, la *Ramonda pyrenaica* ne demande en fait qu'une exposition au nord et une plantation à la verticale pour résister à nos pires hivers. Nous en connaissons qui prospèrent en pots depuis de nombreuses années et ont fini par atteindre la dimension d'une assiette. Quant aux fleurs, elles rappellent la nuance de certains cyclamens. Cette plante présente la particularité de pouvoir se dessécher et revenir à la vie, comme certaines mousses. Ne vous désespérez pas si vous les retrouvez un peu sèches au retour des vacances ! Certains catalogues proposent la *Ramonda pyrenaica* sous le nom de *Ramonda myconi*.

Conseils utiles

— Plantez-les dans une fissure entre deux rochers, à la verticale, dans une poche de bonne terre sableuse.

— Si vous voulez en profiter de près, plantez-les dans des pots plus larges que hauts remplis d'un mélange de tourbe et de sable. Abritez-les du soleil en les plaçant au pied d'un mur au nord et rentrez-les durant l'hiver sous un châssis froid.

— Le semis est possible au printemps mais il demande au moins un an pour donner des résultats.

Hauteur : 20 cm.
Étalement et distance de plantation : 20 cm.
Terre : sableuse.
Exposition : nord.
Multiplication : au printemps, par division des touffes, par bouturage des feuilles et par semis.
Époque de floraison : mai, juin.
Mode de végétation : vivace.

Ramonda pyrenaica

Rodgersia

RODGERSIA

Famille des saxifragacées

Avec les gunneras et les rhubarbes ornementales, les rodgersias font partie des plantes les plus majestueuses du jardin. Aimant les sols frais, elles y développent un feuillage imposant, rappelant selon les espèces, celui du marronnier, du sureau ou du lotus. Confiez-leur un coin humide en compagnie des astilbes, des fougères et des primevères japonaises et vous obtiendrez une scène étonnante.

Conseils utiles

— Plantez-les au printemps ou en septembre. Ameublissez la terre en profondeur et améliorez-la avec de la tourbe pour qu'elle demeure fraîche en été. Paillez le sol avec de l'écorce de pin ou de la tourbe, en juin.

— Les limaces peuvent dévorer une partie des jeunes pousses, dissuadez-les avec des appâts. En hiver, laissez le feuillage gelé protéger les souches du froid.

Les meilleures variétés

— On croit vraiment voir un marronnier nain quand on contemple le *Rodgersia aesculifolia,* sauf quand apparaissent les fleurs en épis blanc crème, culminant à plus d'un mètre.

— *R. pinnata* possède des feuilles divisées mais elles sont disposées de part et d'autre d'une nervure centrale. Souvent les feuilles ont des reflets bronze.

— Le plus impressionnant des rodgersias est sans conteste *R. tabularis* dont les feuilles, presque rondes, atteignent 90 cm de diamètre. Leur bord se replie en leur donnant l'aspect de certaines ombrelles d'apparat chinoises.

Hauteur : de 80 à 120 cm.
Étalement et distance de plantation : 60 cm.
Terre : riche et toujours fraîche.
Exposition : mi-ombre.
Multiplication : par division des touffes, au printemps.
Multiplication : juin, juillet.
Époque de floraison : vivace.

Sanguinaria canadensis
'Flore Pleno'
Ruscus aculeatus

Ruscus

FRAGON PETIT-HOUX
Famille des liliacées

On a du mal à imaginer que ce petit persistant est en fait un cousin de nos asperges. Comme chez ces dernières, les feuilles sont en fait des tiges aplaties, les cladodes. Ce n'est qu'au moment de la fructification, qui n'intervient que si des pieds mâles et femelles sont plantés ensemble, que la ressemblance saute aux yeux car les baies rouges sont tout à fait semblables à celles des asperges, et rappellent aussi de loin celles des houx. Associez-les à des fuchsias, des impatientes, des cœurs de Marie et des lis pour créer des scènes sauvages et raffinées.

Conseils utiles

— Plantez les *Ruscus aculeatus,* au printemps, dans un coin ombragé. Arrosez régulièrement pendant la première année. La croissance est très lente durant les premières années et les touffes ne s'installent vraiment qu'au bout de trois ans.

— Divisez les touffes tous les cinq ans sinon leur cœur risque de se dégarnir. Ce sera le cas aussi après des gelées exceptionnelles. Le feuillage normalement persistant peut même disparaître brutalement. Un apport d'engrais, au printemps, aidera à la repousse.

Hauteur : 1 m.
Étalement et distance de plantation : 60 cm.
Terre : riche en humus.
Exposition : ombre.
Multiplication : par division des touffes, au printemps.
Époque de floraison : insignifiante, en mars, avril.
Mode de végétation : vivace.

Sanguinaria

SANGUINAIRE
Famille des papavéracées

Ne cherchez pas la couleur rouge sur les fleurs de *Sanguinaria canadensis,* voisine de nos chélidoines. C'est en fait la racine qui « saigne » quand on l'arrache. Les fleurs sont d'un blanc de neige. La forme à fleurs doubles 'Flore Pleno' dure plus longtemps et est réputée comme l'une des plus belles fleurs doubles qui soient. Elle est en effet presque ronde et pleine comme certaines roses d'antan.

Conseils utiles

— Plantez-les, en automne, dans un coin ombragé et une terre riche en tourbe. La croissance est très rapide et la floraison explose quelques semaines seulement après le départ de la végétation, au printemps. Favorisez le feuillage en épandant une couche d'écorce de pin ou de tourbe et continuez les arrosages pendant tout l'été.

— Tous les cinq ans, déterrez les rhizomes avec délicatesse pour les replanter à bonne distance dans une poche de terre sableuse.

Hauteur : 20 cm.
Étalement et distance de plantation : 20 cm.
Terre : riche en tourbe.
Exposition : ombre.
Multiplication : par séparation de nouveaux rhizomes, lorsque les feuilles sont fanées.
Époque de floraison : mai.
Mode de végétation : bulbe.

Shortia

SHORTIA
Famille des diapensiacées

Shortia est une plante vivace pour la rocaille. Son feuillage prend une teinte roussie en hiver et forme un joli couvre-sol qui devrait être plus utilisé.

Conseils utiles

— Divisez les souches en juin et replantez sans tarder avec de la tourbe.

— Ou prélevez des boutures en juin ou juillet et plantez-les dans 1/3 de tourbe, 1/3 de sable et 1/3 de terreau de feuilles. Gardez en châssis tout l'hiver et mettez en place au printemps.

— Retirez les fleurs fanées pour obtenir une plus longue floraison.

Les meilleures variétés

Shortia uniflora a des fleurs rose pâle, cireuses, avec des bords dentelés qui apparaissent au printemps. *S. galacifolia* présente un feuillage vert pâle, teinté de rouge sur le bord. Ses fleurs sont blanches et en forme d'entonnoir.

Hauteur : 10 cm.
Étalement et distance de plantation : 30 cm.
Terre : tourbe et terre normale.
Exposition : mi-ombre.
Multiplication : par division des souches, en juin, ou par bouturage en juin, juillet.
Époque de floraison : printemps.
Mode de végétation : vivace.

Smilacina

FAUX SCEAU-DE-SALOMON
Famille des liliacées

Les *Smilacina racemosa* se plaisent sous l'ombre légère des bosquets. Les feuilles, vert pâle, côtelées, se tiennent bien droites, protégeant le délicat rameau de fleurs blanches et parfumées.

Conseils utiles

— Au mois de novembre, coupez la plante à ras de terre ; un paillage de feuilles sera le bienvenu. Ne la dérangez pas pendant trois ans car les plantes se propagent lentement mais sûrement.

— Plantez-la d'octobre à mars, dans une terre riche, un peu humide de préférence.

— Divisez les souches tous les trois ou quatre ans et replantez les éclats immédiatement.

Hauteur : 50 cm.
Étalement et distance de plantation : 25 cm.
Terre : riche, un peu humide.
Exposition : mi-ombre.
Multiplication : par division des touffes, en octobre.
Époque de floraison : mai, juin.
Mode de végétation : vivace.

Tiarella

TIARELLA
Famille des saxifragacées

Excellent couvre-sol au feuillage quasiment persistant, le tiarella n'est pas exigeant. Les grandes feuilles recouvrent très rapidement la terre, même sous les arbres et les arbustes. Les fleurs ressemblent à de légères plumes blanches qui se dressent droites et raides.

Conseils utiles

— Plantez-le, au printemps ou en

novembre, avec une bonne poignée de tourbe autour des racines.

— Ne laissez pas la terre se dessécher si vous désirez un couvre-sol dense et bien vert.

Les meilleures variétés

— *Tiarella cordifolia* est un très bon couvre-sol avec des fleurs blanches ou roses sur des tiges de 15 cm de haut, qui tranchent avec le feuillage vert vif ou vert clair.

— *T. wherryi* est une plante plus dense avec un feuillage plus petit que les autres variétés et qui devient marron roux en automne. Il fleurit abondamment de juin à septembre.

— Les feuilles de *T. trifoliata* évoquent celles du lierre et ses fleurs nombreuses, blanc rosé, s'épanouissent tout l'été.

Hauteur : de 15 à 50 cm.
Étalement et distance de plantation : 30 cm.
Terre : toutes, sauf sèches.
Exposition : ombre, mi-ombre.
Multiplication : par division des touffes, en toute saison.
Époque de floraison : été.
Mode de végétation : vivace.

Tricyrtis

TRICYRTIS
Famille des liliacées

C'est seulement depuis quelques années que ces plantes curieuses ont fait leur apparition dans nos jardins et encore, en provenance de Hollande ! Nous pouvons vous assurer que leur floraison plus qu'étonnante déclenchera bien des commentaires de la part des visiteurs de votre jardin qui y verront une orchidée dans la plupart des cas. À partir d'un seul pied naissent des groupes de tiges terminées, en automne, par des groupes de fleurs joliment tigrées. Plantez ces beautés japonaises en compagnie de *Sedum spectabile,* d'hostas et de fougères pour décorer un coin d'ombre.

Conseils utiles

— Plantez-les au printemps, dans une terre riche en humus, acidifiée, si besoin est, avec un apport copieux de tourbe blonde. Ne les installez pas dans un endroit trop venté car leurs tiges s'effondreraient à la première tempête.

— Disposez des appâts anti-limaces au printemps. Divisez les touffes au bout de trois ans, en automne ou au début du printemps.

Les meilleures variétés

Si le *Tricyrtis hirta,* haut de 75 cm et fleurissant en blanc ponctué de brun, est le plus répandu, le *T. macropoda,* qui peut dépasser 90 cm et fleurit en blanc crème ponctué de mauve, est plus décoratif.

Hauteur : de 40 à 90 cm.
Étalement et distance de plantation : 30 cm.
Terre : riche en humus et fraîche.
Exposition : mi-ombre.
Multiplication : par division des touffes en automne ou au printemps.
Époque de floraison : d'août à octobre.
Mode de végétation : vivace.

Trillium

TRILLIUM
Famille des trilliacées

Les feuilles, les pétales et le sépales des *Trillium* sont groupés par trois. Cette particularité s'étend à toutes les variétés. Plantés par groupes importants, ils font beaucoup d'effet dans les rocailles ou dans les bordures. Le feuillage marbré vert foncé et argenté, décoratif, est constellé de fleurs pointues, un peu tordues, sans tige.

Conseils utiles

— Plantez à une profondeur de 10 cm, par groupes, au mois d'août, en situation boisée.

— Sortez les rhizomes pour les diviser dès que le feuillage est fané, à partir de juillet jusqu'en mars. Replantez-les aussitôt dans une terre bien drainée mais qui ne se dessèche pas.

— Ne divisez pas les souches trop souvent car les plantes mettent très longtemps à s'établir.

— Vous pouvez aussi pratiquer le semis mais les graines mettent dix-huit mois pour germer et plusieurs années avant de fleurir.

Les meilleures variétés

— Les fleurs pourpres, aux trois pétales recurvés, de *Trillium erectum* ont un petit côté penchant.

— *T. grandiflorum,* une des plus jolies variétés, offre de belles fleurs blanches puis rosées s'épanouissant au milieu d'un groupe de trois feuilles.

— Chez *T. ovatum,* les fleurs changent de couleur comme celles de l'espèce précédente mais elles se parent d'un rose plus ardent.

— Le feuillage de *T. sessile* est marbré gris-vert et les fleurs, sans tige, semblent « vissées » dans le tri-feuillage.

— *T. undulatum* présente des fleurs blanches avec une tache rouge foncé à la base. Elles sont plus étalées que celles des autres variétés.

Hauteur : 30 cm.
Étalement et distance de plantation : 30 cm.
Terre : humide, avec beaucoup d'humus.
Exposition : mi-ombre ou ombre.
Multiplication : par division des touffes lorsque le feuillage est sec.
Époque de floraison : d'avril à juin.
Mode de végétation : vivace.

Typha latifolia

Typha

JONC

Famille des thyphacées

Ils font partie du paysage ces joncs aux massettes sombres qui peuplent les abords des étangs et s'en vont en larges bandes coloniser les abords des taillis marécageux, abritant nombre d'oiseaux sauvages souvent en cours de migration. Si vous avez une mare, plantez-en quelques pieds, mais gare à l'invasion ! Comme beaucoup de plantes aquatiques ou semi-aquatiques, une fois installés, les joncs sont difficiles à contenir !

Conseils utiles

— Plantez, au printemps ou en automne, dans la vase qui borde la mare ou l'étang.

— Tous les trois ans, coupez les tiges qui s'aventurent en dehors des limites assignées avec un taille-bordure.

— Avec les tiges, vous pouvez réaliser des bouquets secs qui dureront très longtemps.

Les meilleures variétés

La plus commune, le *Typha angustifolia,* mesure aisément 1,50 m de haut cependant que *Typha minima,* plus petit, ne dépasse pas 50 cm de haut.

Hauteur : de 50 cm à 1,50 m.
Étalement et distance de plantation : 30 cm.
Terre : ordinaire, humide.
Exposition : indifférente.
Multiplication : par division des souches, au printemps.
Époque de floraison : septembre.
Mode de végétation : vivace.

Veratrum album

Veratrum

VÉRATRUM
Famille des liliacées

Les rhizomes de ces plantes sont noirs et toxiques. Le feuillage a un aspect plissé et une multitude de petites fleurs en étoile apparaissent à l'extrémité des tiges rigides.

Conseils utiles

— Divisez les rhizomes et replantez-les au printemps ou en automne.

— Ou semez les graines mûres en début d'automne sous châssis froid. Repiquez lorsque les plantules peuvent être manipulées et poursuivez la culture en pépinière. Mettez en place au printemps.

— Ne laissez pas ces plantes dans une terre sèche, l'arrosage est important au printemps et en été.

— Coupez les tiges en octobre ou novembre et au printemps, faites un apport de tourbe.

— Ne vous inquiétez pas si vous ne voyez pas de fleurs sur nos *Veratrum,* ils mettent trois ou quatre ans pour fleurir.

Les meilleures variétés

Veratrum nigrum porte des fleurs violettes qui apparaissent en août sur de longues tiges étroites. *V. viride,* atteint 2 m de haut, avec des fleurs jaune verdâtre en juillet, sur de fines branches. *V. album* porte des inflorescences vertes et blanches, en juillet.

Hauteur : de 1 m à 2 m.
Étalement et distance de plantation : 0,40 m à 0,60 m.
Terre : légère, normale.
Exposition : mi-ombre.
Multiplication : par semis ou par division des rhizomes.
Époque de floraison : été.
Mode de végétation : vivace.

Vinca

PERVENCHE
Famille des apocynacées

Voici le couvre-sol idéal pour les situations les plus désespérées, qu'il s'agisse d'un talus en plein soleil ou d'un pré sec, là où de grands arbres pompent toute l'eau disponible. Il est possible de transformer ces endroits maudits en tapis de fleurs grâce aux pervenches. La grande pervenche, *Vinca major,* n'hésite même pas à pousser entre les pierres des vieilles constructions, se contentant apparemment pour toute nourriture du mortier de chaud qui lie les murs. Plantez quelques bulbes de scilles, de tulipes ou de narcisses botaniques parmi vos pervenches si vous les cultivez dans de la bonne terre, ainsi aurez-vous des surprises agréables au fil des saisons.

Conseils utiles

— Plantez, au printemps ou à l'automne, des jeunes tiges enracinées à 15 cm en tous sens dans un sol bien ameubli.

— Pour un couvre-sol confortable à fouler, préférez toujours la petite pervenche *Vinca minor,* c'est la plus rase de toutes.

Les meilleures variétés

La *Vinca major* (40 cm), en fleurs d'un bout de l'année à l'autre et la petite (*Vinca minor,* 15 cm) pour ses fleurs bleues ou blanches.

Hauteur : de 15 à 40 cm.
Étalement et distance de plantation : 15 cm.
Terre : ordinaire.
Exposition : indifférente.
Multiplication : par séparation de rejets enracinés, au printemps.
Époque de floraison : de mars à janvier.
Mode de végétation : vivace.

Vinca minor

Viola x *wittrockiana* 'Jackanapes'

Viola hybride

Viola papilionacea 'Immaculata'

Viola

PETITE PENSÉE, VIOLETTE
Famille des violacées

Jadis populaires, les violettes et les pensées sont passées de mode, et pourtant, quelle facilité de culture ! On les plante une fois et sans qu'on s'en occupe davantage, elles s'étoffent et se mettent à fleurir, inlassablement, durant des mois. Reprenez donc l'habitude des jardiniers d'autrefois en en bordant vos massifs et en remplissant des potées pour parer vos fenêtres au printemps, vous ne le regretterez pas !

Conseils utiles

— Semez les pensées et les violettes entre le 14 juillet et le 15 août pour les voir fleurir au printemps suivant.

— Si vous les repiquez dans une bonne terre riche en humus et bien exposée, elles se comporteront toutes comme de vraies plantes vivaces et vivront durant plusieurs années. Reconnaissons cependant que les pensées hybrides aux fleurs énormes *(Viola* x *wittrockiana)* sont surtout jolies la première année de leur floraison, elles ont ensuite tendance à dépérir, surtout si on les laisse monter à graines.

Les meilleures variétés

— Citer toutes les pensées hybrides serait fastidieux, elles sont trop nombreuses ! Notons seulement 'Trimardeau', une vieille variété très vivace et toujours jolie, à fleurs moyennes, et bien sûr les innombrables pensées suisses et d'Anjou.

— Parmi les violettes cornues *(Viola cornuta),* des pensées à petites fleurs dont les Anglais raffolent, citons 'Prince Henri', violet noir à petit œil jaune et 'Bambini', un joli mélange.

— Les amateurs de violettes aimeront la violette du Labrador, *Viola labradorica,* en fait une violette « chien » à feuilles pourpres et la jolie *V. papilionacea* 'Immaculata', toute blanche, fleurissant comme les violettes des prés, *V. odorata,* mais plus tard qu'elles, en mai et juin.

Hauteur : de 10 à 20 cm.
Étalement et distance de plantation : 15 cm.
Terre : riche en humus.
Exposition : mi-ombre.
Multiplication : par semis, en juillet, août, par division des touffes, au printemps.
Époque de floraison : de février à octobre.
Mode de végétation : annuelle et vivace.